चतुरी चमार

सूर्यकांत त्रिपाठी निराला

प्रभाकर प्रकाशन

ISBN: 978-93-67935-60-6
eISBN: 978-93-67934-91-3

प्रकाशक: प्रभाकर प्रकाशन
प्लॉट नं.-63, प्रथम तल, मेन मदर डेयरी रोड
पांडव नगर, ईस्ट दिल्ली-110092
फोन: 011-40395855

ई-मेल: sales@pharosbooks.in
वेबसाइट: www.prabhakarprakashan.com

प्रथम संस्करण: 2025

चतुरी चमार
सूर्यकान्त त्रिपाठी 'निराला'

अनुक्रम

चतुरी चमार

चतुरी चमार, डाकख़ाना चमियानी, मौजा गढ़ाकोला, जिला उन्नाव का एक कदीमी बाशिन्दा है। मेरे ही नहीं, मेरे पिता जी के, बल्कि उनके भी पूर्वजों के मकान के पिछवाड़े कुछ फ़ासले पर, जहाँ से होकर कई और मकानों के नीचे और ऊपर वाले पनालों का, बरसात और दिन-रात का शुद्धाशुद्ध जल बहता रहता है, ढाल से कुछ ऊँचे एक बग़ल चतुरी चमार का पुश्तैनी मकान है। मेरी इच्छा होती है, चतुरी के लिए 'गौरवे बहुवचनम्' लिखूँ, क्योंकि साधारण लोगों के जीवनचरित्र या ऐसे ही कुछ लिखने के लिए सुप्रसिद्ध संपादक पं. बनारसीदास चतुर्वेदी द्वारा दिया हुआ आचार्य द्विवेदी जी का प्रोत्साहन पढ़कर मेरी श्रद्धा बहुत बढ़ गयी है, पर एक अड़चन है, गाँव के रिश्ते में चतुरी मेरा भतीजा लगता है। दूसरों के लिए वह श्रद्धेय अवश्य है क्योंकि वह अपने उपानह-साहित्य में आजकल के अधिकांश साहित्यिकों की तरह अपरिवर्तनवादी है। वैसे ही देहात में दूर-दूर तक उसके मज़बूत जूतों की तारीफ़ है। पासी हफ़्ते में तीन दिन हिरन, चौगड़े और बनैले सुअर खदेड़कर फाँसते हैं, किसान अरहर की ठूँठियों पर ढोर भगाते हुए दौड़ते हैं—कँटीली झाड़ियों को दबाकर चले जाते हैं, छोकड़े बेल, बबूल, करील और बेर के काँटों के भरे रूँधवाये बाग़ों से सरपट भागते हैं, लोग जेंगरे पर मड़नी करते

हैं, द्वारिका नाई न्यौता बाँटता हुआ दो साल में दो हज़ार कोस से ज़्यादा चलता है, चतुरी के जूते अपरिवर्तनवाद के चुस्त रूपक जैसे टस से मस नहीं होते; यह ज़रूर है कि चतुरी के जूते जिला बाँदा के जूतों से वजन में हल्के बैठते हैं, सम्भव है, चित्रकूट के इर्द-गिर्द होने के कारण वहाँ के चर्मकार भाईयों पर रामजी की तपस्या का प्रभाव पड़ा हो, इसलिए उनका साहित्य ज़्यादा ठोस हुआ चतुरी वगैरह लखनऊ के नज़दीक होने के कारण नवाबों के साये में आये हों। उन दिनों मैं गाँव में रहता था। घर बग़ल में होने के कारण, घर बैठे ही मालूम कर लिया कि चतुरी चतुर्वेदी आदिकों से सन्त-साहित्य का कहीं अधिक मर्मज्ञ है, केवल चिट्ठी लिखने का ज्ञान न होने के कारण एक क्रिया होकर भी भिन्नफल है। वे पत्र-पुस्तकों के संपादक हैं, यह जूतों का। एक रोज़ मैंने चतुरी आदि के लिए चरस मँगवाकर अपने ही दरवाज़े पर बैठक लगवायी। चतुरी उम्र में मेरे चाचा जी से कुछ ही छोटा होगा, कई घरों के लड़के-बच्चे समेत 'चरस-रसिक रघुपति-पद नेहु' लोध आदि के सहयोग से मजीरेदार डफलियाँ लेकर वह रात आठ बजे आकर डट गया। कबीरदास, सूरदास, तुलसीदास, पलटूदास आदि ज्ञात-अज्ञात अनेकानेक सन्तों के भजन होने लगे। पहले मैं निर्गुण शब्द का केवल अर्थ लिया करता था, लोगों को 'निर्गुण पद है' कहकर संगीत की प्रशंसा करते हुए सुनकर हँसता था, अब गम्भीर हो जाया करता हूँ, जैसे उम्र की बाढ़ के साथ अक़्ल बढ़ती है। मैं मचिया पर बैठकर भजन सुनने लगा। चतुरी आचार्य कण्ठ से लोगों को भूले पदों की याद दिला दिया करता। मुझे मालूम हुआ, चतुरी कबीर-पदावली का विशेषज्ञ है। मुझसे उसने कहा—"काका, ये निर्गुण-पद बड़े-बड़े विद्वान नहीं समझते।" फिर शायद मुझे भी उन्हीं विद्वानों की कोटि में शुमार कर बोला—"इस पद का मतलब," मैंने उतरे गले से बात काटकर उभड़ते हुए कहा—"चतुरी आज गा लो, कल सुबह आकर मतलब समझाना। मतलब से गाने की तलब चली जायेगी।" चतुरी खखारकर गम्भीर हो गया। फिर

उसी तरह डिक्टेट करता रहा। बीच-बीच में ओजस्विता लाने के लिए चरस की पुट चलती रही। गाने में मुझे बड़ा आनन्द आया। ताल पर तालियाँ देकर मैंने भी सहयोग दिया। वे लोग ऊँचे दर्जे के उन गीतों का मतलब समझते थे, उनकी नीचता पर यह एक आश्चर्य मेरे साथ रहा। बहुत-से गाने आलंकारिक थे। वे उनका भी मतलब समझते थे। एक बजे रात तक मैं बैठा रहा। मुझे मालूम न था कि 'भगत' कराने के अर्थ रात-भर गवाने के हैं। तब तक आधी चरस भी ख़त्म न हुई थी। नींद ने ज़ोर मारा, मैंने चतुरी से चलने की आज्ञा माँगी। चरस की ओर देखते हुए उसने कहा–"काका, फिर कैसे काम बनेगा?" मैंने कहा–"चतुरी, तुम्हारी काकी तो भगवान के यहाँ चली गयीं, जानते ही हो–भोजन अपने हाथ पकाना पड़ता है, कोई दूसरा मदद के लिए है नहीं, ज़रा आराम न करेंगे, तो कल उठ न पायेंगे।" चतुरी नाराज़ होकर बोला–"तुम ब्याह करते ही नहीं, नहीं तो तेरह काकी आ जायें, हाँ वैसी तो...।" मैंने कहा–"चतुरी, भगवान की इच्छा।" दुखी हृदय से सहानुभूति दिखलाते हुए चतुरी ने कहा–"काकी बहुत पढ़ी-लिखी थीं। मैंने कई चिट्ठियाँ उनसे लिखवायी हैं।" फिर जलती हुई चिलम में दम लगाकर धुआँ पीकर, सिर नीचे की ओर ज़ोर से दबाकर, नाक से धुआँ निकालकर बैठे गले से बोला–"काकी रोटी भी करती थीं, बर्तन भी मलती थीं और रोज़ रामायण भी पढ़ती थीं, बड़ा अच्छा गाती थीं, काका, तुम वैसा नहीं गाते बुढ़ऊ बाबा (मेरे चाचा) दरवाज़े बैठते थे। भीतर काकी रामायण पढ़ती थीं। ग़ज़लें और न जाने क्या-क्या–टिल्लाना गाती थीं–क्यों काका?" मैंने कहा–"हूँ; तुम लोग चतुरी गाओ, मैं दरवाज़ा बन्द करके सुनता हूँ।" जगने तक भगत होती रही। फिर कब बन्द हुई, मालूम नहीं। जब आँख खुली, तब काफ़ी दिन चढ़ आया था। मुँह धोकर दरवाज़ा खोला, चतुरी बैठा एकटक दरवाज़े की ओर देख रहा था। कबीर-पदावली का अर्थ उससे किसी ने नहीं सुना। मैंने सुबह सुनने के लिए कहा था, वह आया हुआ है। मैंने कहा–"क्यों चतुरी रात सोये नहीं?"

चतुरी सहज-गम्भीर मुद्रा से बोला–"सोकर जगे तो बड़ी देर हुई, बुलाने की वजह से आया हुआ हूँ।" जिनमें शक्ति होती है, अवैतनिक शिक्षक वही हो सकते हैं। मैंने कहा–"मैं तैयार हूँ, पहले तुम कबीर साहब की कोई उल्टवाँसी सीधी करो।" "कौन-सुनाऊँ।" चतुरी ने कहा–"एक से एक बढ़कर हैं। मैं कबीरपन्थी हूँ न काका, जहाँ गिरह लगती है, साहब आप खोल देते हैं।" मैंने कहा–"तुम पहुँचे हुए हो, यह मुझे कल ही मालूम हो गया था।" चतुरी आँख मूँदकर शायद साहब का ध्यान करने लगा, फिर सस्वर एक पद गुनगुनाकर गाने लगा, फिर एक-एक कड़ी गाकर अर्थ समझाने लगा। उसके अर्थ में अनर्थ पैदा करना आनन्द खोना था, जब वह भाष्य पूरा कर चुका, जिस तरह के भाष्य से हिन्दी वालों पर 'कल्याण' के निरमिष लेखों का प्रभाव पड़ सकता है, मैंने कहा–"चतुरी तुम पढ़े-लिखे होते तो पाँच सौ की जगह पाते।" ख़ुश होकर चतुरी बोला–"काका, कहो तो अर्जुनवा (चतुरी का सत्रह साल का लड़का) को पढ़ने के लिए भेज दिया करूँ, तुम्हारे पास पढ़ जायेगा, तुम्हारी विद्या ले लेगा, मैं भी अपनी दे दूँगा, तो कहो भगवान की इच्छा हो जाये तो कुछ हो जाये।" मैंने कहा–"भेज दिया करो। दिया घर से लेकर आया करे। हमारे पास एक ही लालटेन है, बहुत नज़दीक घिसेगा, तो गाँव वाले चौंकेंगे। आगे देखा जायेगा। लेकिन गुरु-दक्षिणा हम रोज़ लेंगे। घबराओ मत, सिर्फ़ बाज़ार से हमारे लिए गोश्त ले आना होगा और महीने में दो दिन चक्की से आटा पिसवा लाना होगा। इसकी मेहनत हम देंगे। बाज़ार तुम जाते ही हो।" चतुरी को इस सहयोग से बड़ी ख़ुशी हुई। एक प्रसंग पर आने के विचार से मैंने कहा–"चतुरी, तुम्हारे जूते की बड़ी तारीफ़ है।" ख़ुश होकर चतुरी बोला–"हाँ काका, दो साल चलता है।" उसमें एक दर्द भी दबा था। दुखी होकर कहा–"काका ज़मीदार के सिपाही को एक जोड़ा हर साल देना पड़ता है। एक जोड़ा भगतवा देता है, एक जोड़ा पंचमा। जब मेरा ही जोड़ा मज़े में दो साल चलता है, तब ज़्यादा लेकर कोई चमड़े की

बर्बादी क्यों करे?" कहकर डबडबायी आँखों से देखता हुआ जुड़े हाथों सेवई-सी बटने लगा।

मुझे सहानुभूति के साथ हँसी आ गयी। मगर हँसी को होंठों से बाहर न आने दिया। सँभलकर स्नेह से कहा–"चतुरी इसका वाजिब-उल-अर्ज में पता लगाना होगा। अगर तुम्हारा जूता देना दर्ज होगा, तो इसी तरह पुश्त-दर-पुश्त तुम्हें जूते देते रहने पड़ेंगे।"

चतुरी सोचकर मुस्कराया, बोला–"अब्दुल-अर्ज में दर्ज होगा, क्यों काका?" मैंने कहा–"हूँ, देख लो, सिर्फ़ एक रुपया हक़ लगेगा।"

वक़्त बहुत हो गया था। मुझे काम था। चतुरी को मैंने विदा किया। वह गम्भीर होकर सिर हिलाता हुआ चला। मैं उसके मनोविकार पढ़ने लगा–'वह एक ऐसे जाल में फँसा है, जिसे वह काटना चाहता है, भीतर से उसका पूरा ज़ोर उभड़ रहा है, पर एक कमज़ोरी है, जिसमें बार-बार उलझकर रह जाता है।'

अर्जुन का आना जारी हो गया। उन दिनों बाहर मुझे कोई काम न था, देहात में रहना पड़ा। गोश्त आने लगा। समय-समय पर लोध, पासी धोबी और चमारों का ब्रह्मभोज भी चलता रहा। घृतपक्व मसालेदार मांस की ख़ुशबू से जिसकी भी लार टपकी, आप निमन्त्रित होने को पूछा। इस तरह मेरा मकान साधारण जनों का अड्डा ही नहीं, बल्कि House of Commons हो गया। अर्जुन की पढ़ाई उत्तरोत्तर बढ़ चली। पहले पहल जब 'दादा, मामा, काका, दादी, नानी' उसने सीखा, तो हर्ष में उसके माँ-बाप सम्राट्-पद पाये हुए को छापकर छलके। सब लोग आपस में कहने लगे, अब अर्जुनवा 'दादा-दीदी' पढ़ गया। अर्जुन अपने बाप चतुरी को दादा और माँ को दीदी कहता था। दूसरे दिन उसके बड़े भाई ने मुझसे शिकायत की। कहा–"बाबा अर्जुनवा और तो सब लिख-पढ़ लेता है, पर भैया नहीं लिखता।" मैंने समझाया कि किताब में 'दादा-दादी' से

भैया की इज़्ज़त बहुत ज़्यादा है, 'भैया' तक पहुँचने में उसे दो महीने की देर होगी।

धीरे-धीरे आम पकने के दिन आये। अर्जुन अब दूसरी किताब समाप्त कर अपने ख़ानदान में विशेष प्रतिष्ठित हो चला। कुछ नाज़ुक-मिज़ाज भी हो गया। मोटा काम न होता था। आम खिलाने के विचार से मैं अपने चिरंजीव को लिवा लाने के लिए ससुराल गया। तब उसकी उम्र 9-10 साल की होगी। सोम या चहुर्रुम में पढ़ता था। मेरे यहाँ उसके मनोरंजन की चीज़ न थी। कोई स्त्री भी न थी, जिसके प्यार से वह बहला रहता। पर दो-चार दिन के बाद मैंने देखा, वह ऊबा नहीं अर्जुन से उसकी गहरी दोस्ती हो गयी है। वह अर्जुन का काका लगता था, जैसे मैं अर्जुन के बाप का। यद्यपि अर्जुन उम्र में उससे पौने दो पट था, फिर भी पद और पढ़ाई में मेरे चिरंजीव बड़े थे, फिर यह ब्राह्मण के लड़के भी थे। अर्जुन को नयी और इतनी बड़ी उम्र में उतने छोटे से काका को श्रद्धा देते हुए प्रकृति के विरुद्ध दबना पड़ता था। इसका असर अर्जुन के स्वास्थ्य पर तीन ही चार दिन में प्रत्यक्ष हो चला। तब मुझे मालूम न था, अर्जुन शिकायत करता न था। मैं देखता था, जब मैं डाकख़ाना या बाहर गाँव से लौटता हूँ, मेरे चिरंजीव अर्जुन के यहाँ होते हैं या घर ही पर उसे घेरकर पढ़ाते रहते हैं। चमारों के टोले में गोस्वामी जी के इस कथन को 'मनहु मत्त गजपन निरखि सिंह किसोरहिं चोप' वह कई बार सार्थक करते दिखायी पड़े। मैं ब्राह्मण-संस्कारों की सब बातों को समझ गया। पर उसे उपदेश क्या देता? चमार दबेंगे, ब्राह्मण दबायेंगे। दवा है, दोनों की जड़ें मार दी जायें, पर यह सहज-साध्य नहीं, सोचकर चुप हो गया।

मैं अर्जुन को पढ़ाता था तो स्नेह देकर, उसे अपनी ही तरह का एक आदमी समझकर उसके उच्चारण की त्रुटियों को पार करता हुआ। उसकी कमज़ोरियों की दरारें भविष्य में भर जायेंगी, ऐसा विचार रखता

था। इसलिए कहाँ-कहाँ उसमें प्रमाद है, यह मुझे याद भी न था। पर मेरे चिरंजीव ने चार ही दिन में अर्जुन की सारी कमज़ोरियों का पता लगा लिया और समय-असमय उसे घर बुलाकर मेरी ग़ैर-हाज़िरी में उन्हीं कमज़ोरियों के रास्ते उसकी जीभ को दौड़ाते हुए अपना मनोरंजन करने लगे। मुझे बाद को मालूम हुआ।

सोमवार मियाँगंज के बाज़ार का दिन था। गोश्त के पैसे मैंने चतुरी को दे दिये थे। डाकख़ाना तब मगरायर था। वहाँ से बाज़ार नज़दीक है। मैं डाकख़ाने से प्रबन्ध भेजने के लिए टिकट लेकर टहलता हुआ बाज़ार गया। चतुरी जूते की दूकान लिये बैठा था। मैंने कहा–"कालिका (धोबी) भैया आये हैं, चतुरी हमारा गोश्त उनके हाथ भेज देना। तुम बाज़ार उठने पर जाओगे देर होगी।" चतुरी ने कहा–"काका एक बात है, अर्जुनवा तुमसे कहते डरता है, मैं घर आकर कहूँगा, बुरा न मानना लड़कों की बातों का।" 'अच्छा' कहकर मैंने बहुत-कुछ सोच लिया। बकर-कसाई के सलाम का उत्तर देकर बादाम और ठण्डाई लेने के लिए बनियों की तरफ़ गया। बाज़ार में मुझे पहचानने वाले न पहचानने वालों को मेरी विशेषता से परिचित करा रहे थे। चारों ओर से आँखें उठी हुई थीं। ताज्जुब यह था कि अगर ऐसा आदमी है, तो मांस खाना-जैसा घृणित पाप क्यों करता है। मुझे क्षण-मात्र में यह सब समझ लेने का काफ़ी अभ्यास हो गया था। गुरुमुख ब्राह्मण आदि मेरे घड़े का पानी छोड़ चुके थे। गाँव तथा पड़ोस के लड़के अपने-अपने पिता-पितामहों को समझा चुके थे कि 'बाबा (मैं) कहते हैं, मैं पानी-पाँड़े थोड़े ही हूँ, जो ऐरे-ग़ैरे नत्थू-ख़ैरे सबको पानी पिलाता फिरूँ।' इससे लोग और नाराज़ हो गये थे। साहित्य की तरह समाज में भी दूर-दूर तक मेरी तारीफ़ फैल चुकी थी–विशेष रूप से जब एक दिन विलायत की टोरी-पार्टी की तारीफ़ करने वाले, एक देहाती स्वामी जी को मैंने कबाब खाकर काबुल में

प्रचार करने वाले रामचन्द्रजी के वक़्त के एक ऋषि की कथा सुनायी, और मुझसे सुनकर वहीं गाँव के ब्राह्मणों के सामने बीड़ी पीने के लिए प्रचार करके भी वह मुझे नीचा नहीं दिखा सके—उन दिनों भाग्यवश मिले हुए अपने आवारागर्द नौकर से बीड़ी लेकर, सबके सामने दियासलाई लगाकर मैंने समझा दिया कि तुम्हारे इस जूठे धुएँ से बढ़कर मेरे पास दूसरा महत्त्व नहीं।

मैं इन आश्चर्य की आँखों के भीतर बादाम और ठण्डाई लेकर ज़रा रीढ़ सीधी करने को हुआ कि एक बुड्ढे पण्डित जी एक देहाती भाई के साथ मेरी ओर बढ़ते नज़र आये। मैंने सोचा, शायद कुछ उपदेश होगा। पण्डित जी सारी शिकायत पीकर, मधु-मुख हो अपने प्रदर्शक से बोले—"आप ही हैं?" उसने कहा—"हाँ, यह हैं।" पण्डित जी देखकर गद्गद हो गये। ठोढ़ी उठाकर बोले—"ओहोहो! आप धन्य हैं।" मैंने मन में कहा—"नहीं, मैं वन्य हूँ। मज़ाक़ करता है खूसट।" पर ग़ौर से उसका पग और खौर देखकर कहा—"प्रणाम करता हूँ पण्डित जी। पण्डित जी मारे प्रेम के संज्ञा खो बैठे। मेरा प्रणाम मामूली प्रणाम नहीं—बड़े भाग्य से मिलता है। मैं खड़ा पण्डित जी को देखता रहा। पण्डित जी ने अपने देहाती साथी से पूछा—"आप एम. ए., बे-मे सब पास हैं?" उनका साथी अत्यन्त गम्भीर होकर बोला—"हाँ। जिला में दूसरा नहीं है।" होंठ काटकर मैंने कहा—"पण्डित जी रास्ते में दो नाले और एक नदी पड़ती है। भेड़िए लागन हैं। डण्डा नहीं लाया। आज्ञा हो तो चलूँ—शाम हो रही है।" पण्डित जी स्नेह से देखने लगे। जो शिकायत उन्होंने सुनी थी, आँखों में उस पर सन्देह था दृष्टि कह रही थी—'यह वैसा नहीं—ज़रूर गोश्त न खाता होगा, बीड़ी न पी होगी, लोग पाजी हैं।' प्रणाम करके, आशीर्वाद लेकर मैंने घर का रास्ता पकड़ा।

दरवाज़े पर आकर रुक गया। भीतर बातचीत चल रही थी। प्रकाश कुछ-कुछ था, सूर्य डूब रहा था। मेरे पुत्र की आवाज़ आयी—"बोल रे

बोल।" इस वीर-रस का अर्थ मैं समझ गया। अर्जुन बोलता हुआ हार चुका था, पर चिरंजीव को रस मिलने के कारण बुलाते हुए हार न हुई थी। चूँकि बार-बार बोलना पड़ता था, इसलिए अर्जुन बोलने से ऊबकर चुप था। डाँटकर पूछा गया, तो सिर्फ़ कहा–"क्या?"

"वही–गुण, बोल।"

अर्जुन ने कहा–"गुण।"

बच्चे के अट्टहास से घर गूँज उठा। भरपेट हँसकर, स्थिर होकर फिर उसने आशा की–"बोल–गणेश।"

रोनी आवाज़ में अर्जुन ने कहा–"गड़ेस।" खिलखिलाकर, हँसकर, चिरंजीव ने डाँटकर कहा–"गड़ेस-गड़ास करता है–साफ़ नहीं कह पाता क्यों रे, रोज़ दातून करता है?"

अर्जुन अप्रतिभ होकर दबी आवाज़ में एक छोटी-सी 'हूँ' करके, सिर झुका कर रह गया। मैं दरवाज़ा धीरे-से ढकेलकर भीतर खम्भे की आड़ से देख रहा था। मेरे चिरंजीव उसे उसी तरह देख रहे थे, जैसे गोरे, कालों को देखते हैं। ज़रा देर चुप रहकर फिर आज्ञा की–"बोल, वर्ण।"

अर्जुन की जान की आ पड़ी। मुझे हँसी भी आयी, गुस्सा भी लगा। निश्चय हुआ, अब अर्जुन से विद्या का धनुष नहीं उठने का। अर्जुन वर्ण के उच्चारण में विवर्ण हो रहा था। तरह-तरह से मुँह बना रहा था। पर खुलकर कुछ कहता न था। उसके मुँह बनाने का आनन्द लेकर चिरंजीव ने फिर डाँटा–"बोलता है या लगाऊँ झापड़। नहा लूँगा, गरमी तो है।"

मैंने सोचा अब प्रकट होना चाहिए। मुझे देखकर अर्जुन खड़ा हो गया, आँखें मल-मलकर रोने लगा। मैंने पुत्र-रत्न से कहा–"कान पकड़कर उठो-बैठो दस दफ़े।" उसने नज़र बदलकर कहा–"मेरा क़ुसूर कुछ नहीं और मैं यों ही कान पकड़कर उठूँ-बैठूँ!" मैंने कहा–"तुम इससे गुस्ताख़ी

कर रहे थे।" उसने कहा–"तो आपने भी की होगी। इससे 'गुण' कहला दीजिये, आपने पढ़ाया तो है, इसकी किताब में लिखा है।" मैंने कहा–"तुम हँसते क्यों थे?" उसने कहा–"क्या मैं जानबूझकर हँसता था?" मैंने कहा–"अब आज से तो तुम इससे बोल न सकोगे।" लड़के ने जवाब दिया–"मुझे मामा के यहाँ छोड़ आइये, यहाँ डाल के आम खट्टे होते हैं–चोपी होती है। मुँह फदक जाता है, वहाँ पाल के आम आते हैं।"

चिरंजीव को नाई के साथ भेजकर मैंने अर्जुन और चतुरी को सांत्वना दी।

कुछ महीने और गाँव में रहना पड़ा। अर्जुन कुछ पढ़ गया। शहरों की हवा मैंने बहुत दिनों से न खायी थी–कलकत्ता, बनारस, प्रयाग आदि का सफ़र करते हुए लखनऊ में डेरा डाला–स्वीकृत किताबें छपवाने के विचार से। कुछ काम लखनऊ में और मिल गया। अमीनाबाद होटल में एक कमरा लेकर निश्चिंत चित्त से साहित्य-साधना करने लगा।

इन्हीं दिनों देश में आन्दोलन ज़ोरों का चला–यही, जो चतुरी आदिक के कारण फिस्स हो गया है। होटल में रहकर, देहात से आने वाले शहरी युवक मित्रों से सुना करता था, गढ़ाकोला में भी आन्दोलन ज़ोरों पर है–छह-सात सौ तक की जोत किसान लोग इस्तीफ़ा कर छोड़ चुके हैं–वह ज़मीन अभी तक नहीं उठी–किसान रोज़ इकट्ठे होकर झण्डा-गीत गाया करते हैं। साल-भर बाद जब आन्दोलन में प्रतिक्रिया हुई और ज़मींदारों ने दावा करना और रियाया को बिना किसी रियायत के दबाना शुरू किया, तब गाँव के नेता मेरे पास मदद के लिए आये, बोले–"गाँव में चलकर लिखो। तुम रहोगे, तो मार न पड़ेगी, लोगों को हिम्मत रहेगी, अब सख़्ती हो रही है।" मैंने कहा–"मैं कुछ पुलिस तो हूँ नहीं, जो तुम्हारी रक्षा करूँगा, फिर मार खाकर चुपचाप रहने वाला धैर्य मुझमें बहुत थोड़ा है, कहीं ऐसा न हो कि शक्ति का दुरुपयोग हो।" गाँव के नेता ने कहा–"तुम्हें कुछ करना तो है नहीं, बस बैठे रहना है।" मैं गया।

मेरे गाँव की कांग्रेस ऐसी थी कि जिले के साथ उसका कोई ताल्लुक न था–किसी खाते में वहाँ के लोगों के नाम दर्ज न थे। पर काम में पुरवा-डिवीजन में उससे आगे दूसरा गाँव न था। मेरे जाने के बाद पता नहीं, कितनी दरख़्वास्तें साहब ने इधर-उधर लिखीं।

कच्चे रंगों से रँगा तिरंगा झण्डा महावीर स्वामी के सामने एक बड़े बाँस में गड़ा, बारिश से धुलकर धवल हो रहा था। इन दिनों मुकद्दमेबाजी और तहक़ीक़ात ज़ोरों से चल रही थी। कुछ किसानों पर एक साल के हरी-भूसे को तीन साल की बाक़ी बनाकर, ज़मीदार ने आनरेरी दावे दायर किये थे, जो अपनी क्षुद्रता के कारण ज़मीदार साहब से मजिस्ट्रेट के पास आकर किसानों की दृष्टि में और भयानक हो रहे थे। एक दिन दरख़्वास्तों के फलस्वरूप शायद, दारोगा जी तहक़ीक़ात करने आये। मैं मगरायर डाक देखने जा रहा था। बाहर निकला तो लोगों ने कहा–"दारोगा जी आये हैं, अभी रहो।" आगे दारोगा जी भी मिल गये। ज़मीदार साहब ने मेरी तरफ़ दिखाकर अंग्रेजी में धीरे से कुछ कहा, तब मैं कुछ दूर था, सुना नहीं। गाँववाले समझे नहीं, दारोगा जी झगड़े की तरफ़ जा रहे थे। ज़मीदार शायद उखड़वा देने के इरादे से लिये जा रहे थे। महावीर जी के अहाते में झण्डा देखकर दारोगा कुछ सोचने लगे, बोले–"यह तो मन्दिर का झण्डा है।" अच्छी तरह देखा, उसमें कोई रंग न दिखायी पड़ा। ज़मीदार साहब को ग़ौर से देखते हुए लौटकर डेरे की तरफ़ चले। ज़मीदार साहब ने बहुत समझाया कि 'वह बारिश से धुलकर सफ़ेद हो गया है, लेकिन है यह कांग्रेस का झण्डा।' पर दारोगा जी बुद्धिमान थे।

महावीर जी के अहाते में सफ़ेद झण्डे को उखड़वाकर वीरता प्रदर्शित करने की आज्ञा न दी। गाँव में कांग्रेस है, इसका पता न सब-डिवीजन में लगा, न जिले में, थानेदार साहब करें क्या? उन दिनों मुझे उन्निद्र-रोग था। इसलिए सिर के बाल साफ़ थे। मैंने सोचा–'वेश का अभाव है, तो भाषा

को प्रभावशाली करना चाहिए, नहीं तो थानेदार साहब पर अच्छी छाप न पड़ेगी। वहाँ तो महावीर स्वामी की कृपा रही, यहाँ अपनी ही सरस्वती का सहारा है।' मैं ठेठ देहाती हो रहा था; थानेदार साहब ने मुझसे पूछा–"आप कांग्रेस में हैं?" मैंने सोचा इस समय राष्ट्रभाषा से राजभाषा का महत्त्व बढ़कर होगा। कहा–"मैं तो विश्व-सभा का सदस्य हूँ। इस सभा का नाम भी थानेदार साहब ने न सुना था। पूछा–"यह कौन-सी सभा है!" उनके जिज्ञासा-भाव पर गम्भीर होकर नोबेल-पुरस्कार पाये हुए कुछ लोगों के नाम गिनाकर मैंने कहा–"ये सब उसी सभा के सदस्य हैं।" थानेदार साहब क्या समझे, वह जानें। मुझसे पूछा–"इस गाँव में कांग्रेस है।" मैंने सोचा–'युधिष्ठिर की तरह सत्य की रक्षा करूँ तो असत्य भाषण का पाप न लगेगा।' कहा–"इस गाँव के लोग तो कांग्रेस का मतलब भी नहीं जानते।" इतना कहकर मैंने सोचा–'अब ज़्यादा बातचीत ठीक न होगी।' उठकर खड़ा हो गया, और थानेदार साहब से कहा–"अच्छा, मैं चलता हूँ। ज़रा डाकख़ाने में काम है। चिट्ठीरसा हफ़्ते में दो दिन गश्त पर आता है। मेरी ज़रूरी चिट्ठियाँ होती हैं और रजिस्ट्री, अख़बार, मासिक पत्र-पत्रिकाएँ आती हैं, फिर उस गाँव में हम लोगों की लाइब्रेरी भी है, जाना पड़ता है।" थानेदार साहब ने पूछा–"कांग्रेस की चिट्ठियाँ आती हैं?" मैंने कहा–"नहीं, मेरी अपनी।" मैं चला आया। थानेदार साहब ज़मींदार साहब से शायद नाराज़ होकर गये।

इससे तो बचाव हुआ, पर मुकद्दमा चलता रहा। आनरेरी मैजिस्ट्रेट ने, जिनके एक रिश्तेदार ज़मीदार की तरफ़ से वकील थे, किसानों पर ज़मीदार को डिगरी दे दी। बाद को चतुरी वगैरह की बारी आयी। दावे दायर हो गये, अब तक जो सम्मिलित धन मुकदमों में लग रहा था, सब ख़र्च हो गया। पहले की डिगरी में कुछ लोगों के बैल वगैरह नीलाम कर लिये गये। लोग घबरा गये। चतुरी को मदद की आशा न रही। गाँव वालों ने चतुरी आदि के लिए दोबारा चन्दा न लगाया।

चतुरी सूखकर मेरे सामने आकर खड़ा हुआ। मैंने कहा–"चतुरी, मैं शक्तिभर तुम्हारी मदद करूँगा।"

"तुम कहाँ तक मदद करोगे, काका?" चतुरी जैसे कुएँ में डूबता हुआ उभड़ा।

"तो तुम्हारा क्या इरादा है?" उसे देखते हुए मैंने पूछा।

"मुक़दमा लड़ूँगा। पर गाँव वाले डर गये हैं, गवाही न देंगे।" दिल से बैठा हुआ चतुरी बोला।

उस परिस्थिति पर मुझे भी निराशा हुई। उसी स्वर से मैंने पूछा–"फिर, चतुरी?"

चतुरी बोला–"फिर छेदनी-पिरकिया आदि मालिक ही ले लें।"

मैंने गाँव में कुछ पक्के गवाह़ ठीक कर दिये। सत्तू बाँधकर, रेल छोड़कर, पैदल दस कोस उन्नाव चलकर, दूसरी पेशी के बाद पैदल ही लौटकर हँसता हुआ चतुरी बोला–"काका, जूता और पुरवाली बात अब्दुल-अर्ज में दर्ज नहीं है।"

सखी

आज थिएटर जाने की बात है। मॉडल हॉसेज की छात्रा-तरुणियों में निश्चय हो गया है, सब एक साथ जायेंगी। निर्मला, माधवी, कमला, ललिता, शुभा और श्यामा आदि सज-सजकर एक-दूसरी से मिलती हुई एकत्र होने लगीं। कमला के मकान में पहले से सबके मिलने का निश्चय हो चुका था। ज्योतिर्मयी उर्फ़ जोत अभी नहीं आयी। थिएटर जाने का समय क़रीब आ गया।

ललिता बोली–"वह आज कॉलेज में इतनी ख़ुश थी कि अवकाश वाली लड़कियों से गप लड़ाती, मज़ाक़ करती हुई, समय से पहले घर चली आयी थी। पूरे उच्छ्वास से थिएटर चलना स्वीकार किया था। मैंने पूछा भी कि क्या है, जो आज ज़मीन पर कदम नहीं पड़ रहे हैं। जवाब न देकर मेरी ओर देखकर हँसने लगी।"

शुभा–"तो क्लास नहीं किया?"

"ना" ललिता बोली।

श्यामा–"मुझसे कहा कि पढ़ना-लिखना तो अब यहीं तक समझो।"

निर्मला–"क्यों, उसे कोई अड़चन तो है नहीं; फिर पढ़ाई क्यों बन्द कर रही है?"

श्यामा हँसने लगी। बोली–"वह कहती है, अब पढ़ना छोड़कर पढ़ाना पड़ेगा, इसकी तैयारी करनी है।"

सब हँसती हुई एक–दूसरों की ओर देखने लगीं।

माधवी–"इसका मतलब?"

श्यामा हँसकर बोली–"उसे बड़ी चिन्ता है कि शिक्षा आई.सी.एस. है।"

"अच्छा" कई एक साथ कह उठीं, "यह बात है?"

ललिता–"तो चलो, उसी के मकान से चला जाय। देखें, आपने अपनी तैयारी में कहाँ तक तरक्की की?"

सब जोत के मकान चलीं। सब आइसाबेला थार्बन कॉलेज की छात्राएँ हैं। कोई तीसरे, कोई चौथे, कोई छठे साल में है। जोत का तीसरा साल है।

घर पहुँचकर दंगल–का–दंगल जोत के कमरे में पैठा। वह जैसी जोत है, उसका पहनावा भी वैसा ही जगमगाता हुआ था। उस समय वह आईने के सामने खड़ी मुस्करा रही थी। एकाएक संगिनियों को देखकर लजा गयी। बोली–"मुझे ज़रा देर हो गयी।" वजह कोई न थी। सोचकर कुछ कह दे, हृदय और मस्तिष्क में उतनी जगह न थी...एक अजीब भाव में सारी देह भरी हुई थी, अतः देर के लिए दबने वाले स्वर में भी उच्छ्वास उमड़ रहा था।

श्यामा बोली–"अब तो हर काम के लिए देर होगी। जल्दबाज़ी सिर्फ़ ख़ास विद्यार्थी को अवैतनिक पढ़ाने के वक़्त हो तो हो।"

सब हँसने लगीं। ललिता ने देखा, मेज़ पर एक खुला अंग्रेजी लिफ़ाफ़ा पड़ा हुआ है, उठा लिया।

उठाते ही जोत तीर–सी ललिता पर टूटी। पर श्यामा ने पकड़ लिया–"अरे–अरे, अभी से, अभी तो पढ़ने की दरख़्वास्त मंजूर होने को आयी होगी।"

ललिता ऊँचे स्वर से पढ़ने लगी। श्यामा जोत को पकड़े रही। चिट्ठी अंग्रेजी में थी। आवश्यकता से अधिक लम्बी। बायरन, शेली आदि के उद्धरण थे ही, विद्यापति भी नहीं बचे थे। पकड़ी हुई जोत ख़ुशी में छलक रही थी।

पत्र समाप्त कर सब चलने को हुईं, अमीनाबाद से ताँगे कर लेंगी, एक जोत की मोटर में सब अट नहीं सकतीं, क्योंकि सामने ड्राइवर की वजह से सीट ख़ाली रहेगी।

जोत को लीला की याद आयी। बोली–"भई, लीला रह जाती है, उसे भी ले लें।"

"उससे चलने की बात तो हुई नहीं, वह शायद ही जाय।" माधवी बोली।

"पक्की कंजूस है। पैसा दाँत से पकड़ती है!" श्यामा ने कहा–"सौ रुपये कम-से-कम ट्यूशन से पाती है, पर हालत देखो, तो मालूम होगा महादरिद्र।"

जोत लजाकर बोली–"तुम्हें तो उसका जीवन-चरित्र लिखने को मिले, तो चौपट करके छोड़ो। हमारे कॉलेज में एक ही कैरेक्टर है। कहो तो, उसके यहाँ पैदा करने वाला कौन है? ट्यूशन से अपना ख़र्च चलाती है, छोटे भाईयों को भी पढ़ाती है, साथ घर का ख़र्च भी है। बूढ़ी माँ को कोई तकलीफ़ न हो, इसके लिए बेचारी कितना खटती है। मेहनत की मारी सूखकर काँटा हो रही है। चेहरे में आँखें ही आँखें तो हैं।"

लीला का घर आ गया। सब भीतर धँस गयीं। लीला पढ़ रही थी।

जोत ने हाथ से किताब छीन ली, थप से मेज़ पर रखकर बोली–"मिस लैला, मजनू के मजमून में दीवानी न बनो। प्रेम का परिणाम बुरा होता है प्यारी! चलो कलकत्ते से पारसी कम्पनी आई हुई है, वहाँ हम लोग धार्मिक शिक्षा ग्रहण करें।"

लीला जोत से दो साल आगे एम.ए. में है। जोत चंचल है। लीला क्षमा करती है। बड़ी-बड़ी सकरुण आँखों से देखती हुई बोली—"भाई तुम लोग जाओ। मुझे इतना समय कहाँ?"

"समय नहीं पैसे कहो।" श्यामा बोली।

"अच्छा पैसे सही। कॉलेज के अलावा पाँच घंटे पढ़ाती हूँ। डॉक्टर साहब बड़े आदमी हैं। लड़कियों की पढ़ाई के लिए साठ देते हैं। मेरी हालत भी जानते हैं। ताल्लुकदार रघुनाथ सिंह की नयी पत्नी को पढ़ाती हूँ, चालीस वहाँ मिलते हैं। इसी में घर का कुल ख़र्च है। इतने के बाद अपने पढ़ने के लिए भी समय निकालना पड़ता है। दिक़्क़त तुम लोग समझ सकती हो। ऐसी हालत में समय और पैसों की मुझे कितनी तंगदस्ती हो सकती है।"

"अच्छा महाशय जी चलिए।" जोत बोली—"आपके लिए फ्री पास का प्रबन्ध हो जायेगा।"

"तुम तो आज म्यान से निकली तलवार-सी चमक रही हो जोत! क्या ख़ुशी है?" लीला ने धीर स्नेह-कण्ठ से पूछा।

"महाशया जी, जो किसी के हलक से नीचे उतरकर सिर चढ़ी हो, वह शराब हैं यह अब।" मुस्कराकर शुभा ने कहा।

"नहीं" कमला बोली—"अभी तो-देख लो न, इनकी तरफ़-होंठों पर हँसी, आबरू पर खम, इसलिए इकरार भी है, इनकार भी है।"

"बात क्या है?" अनजान की तरह देखते हुए लीला ने पूछा।

"पूरा रहस्यवाद उर्फ छायावाद।" निर्मला ने कहा—"वाद-विवाद में देर हो रही है। प्रकाशवाद यह है कि इनके पास मिस्टर श्यामलाल आई.सी.एस. का पत्र आया है कि आप अगर मंजूर करें, आपको अपना सर्वस्व—तीन

हज़ार मासिक–प्रेम की पर्मानेंट शिक्षा के लिए देकर मिस्ट्रेस बनने की प्रार्थना करता हूँ। अब तो आया समझ में?"

"तो क्या तुम्हारे पिता जी राजी हो गये?" लीला ने जोत से पूछा।

"ख़ूब कही!" जोत बोली–"जहाँ आई.सी.एस. वर मिलता हो, वहाँ पिता जी ख़ुद ब्याह करने को तैयार हो जायें।"

कमरा खिलखिलाहट से गूँज उठा।

"तुम लोग भई जाओ, माफ़ करो, मुझे समय नहीं।"

"नहीं महाशया जी, आप तो फर्स्ट क्लास लें, और हम लोग वहीं पैर रगड़ते रहें, ऐसा नहीं होने का, आपको चलना होगा, कपड़े बदलिए।"

जोत लीला को प्यार करती है, सम्मान भी देती है। लीला भी जानती है, जोत की खुली ज़बान में हृदय की कीमती बहुत-सी चीज़ें खुली रहती हैं। इसलिए उसका प्रस्ताव मंजूर कर, कपड़े बदलकर साथ चल दी।

तीन बजे से पहले ही लीला की क्लास ख़त्म हो जाती है। वहाँ से वह ताल्लुकदार साहब की पत्नी को पढ़ाने के लिए भैंसाकुण्ड जाया करती है। रोज़ बहुत चलना पड़ता है। किसी तरह साइकिल ख़रीद सकती है। पर सीखने की लाज कि मैदान में मर्दों के सामने बेहयाई होगी, कौन पकड़कर चलायेगा, गिरूँगी तो लोग हँसेंगे आदि-आदि बातें बाधक होती हैं। इसलिए चलने की काफ़ी मेहनत गवारा करती है।

भैंसाकुण्ड से साढ़े पाँच-छह के क़रीब लौटती हुई कई रोज़ से देखती है–दो मुसलमान उसका पीछा करते हैं। वे आपस में न जाने क्या बातचीत करते हैं। कभी-कभी पास आ जाते हैं। हृदय धड़कने लगता है। पर वह जल्द-जल्द चली आती है। ज्यों-ज्यों तेज़ चलती है, वे भी त्यों-त्यों तेज़

पीछा करते हैं। किससे कहे? भैंसाकुण्ड का बहुत-सा रास्ता बँगलों तथा बग़ीचों के कारण सुनसान निर्जन रहता है। धड़कते कलेजे से साधारण बस्ती के पास आकर साँस लेती है।

मन-ही-मन अपनी असमर्थता पर लीला को बड़ा क्षोभ हुआ। दुर्बलों को सब सताते हैं। पर आप ही शान्त हो जाना पड़ा, क्योंकि अपनी हद में वही अपना उपाय सोचने वाली थी। माता से नहीं कहा कि कहीं वह रोक न दें, ख़र्च के लिए फिर क्या होगा?

एक दिन लौटते हुए उन्हीं में एक को अश्लील बकते हुए सुना-जैसे सुनाकर बातें कही जा रही हों। वह तेज़ कदम चलने लगी। वे भी उसी हिसाब से बढ़ते गये-तीन ही चार हाथ का फ़ासला था। ऐसे समय उनके साहस की ऐसी बात उसने सुनी, जो उसकी मर्यादा के प्रतिकूल थी। भय से एक प्रकार दौड़ने लगी। सामने एक हैट-कोट पहने देशी साहब आते हुए दिखायी पड़े। लीला उनकी तरफ़ कुछ तेज़ बढ़ी। उन्हें देखकर बदमाश लौट गये। लीला उनके पास पहुँचकर हाँफती हुई बोली-"आज कई रोज़ से दो बदमाश मेरा पीछा करते हैं। मैं ताल्लुकदार रघुनाथ सिंह की पत्नी को पढ़ाने जाती हूँ। लौटते समय राह पर मिल जाते हैं। मुझे ऐसी-ऐसी बातें आज कहीं..." कहकर अपने को सँभालने लगी।

बिजली की रोशनी में बड़ी-बड़ी आँखों से आँसू गिरते हुए देखकर साहब क्रोध से रास्ते की ओर देखने लगे। बोले-"वे लोग मुझे देखकर भाग गये शायद। यह सामने मेरा ही बँगला है। आइये आपको मोटर पर भेज दूँ। कोई डर की बात नहीं।" साहब सोचते चले, पीछे-पीछे लीला।

अहाते के भीतर बग़ीचे के पास साहब खड़े हो गये। बँगले के सामने की बिजली से लीला का दुबला सुन्दर कुछ लम्बा गोरा मुख, बड़ी-बड़ी आँखें दिख रही हैं। साहब ने दुःख के कारण चित्र का सौन्दर्य देखकर पूछा-"आपका शुभ नाम?"

"मुझे लीला कहते हैं।" निगाह झुकाती हुई लीला बोली।

"आप ही को अपनी सँभाल करनी पड़ती है; आप–आप शादीशुदा तो हैं?"

"जी नहीं, मैं आइसाबेला थार्बन कॉलेज की छात्रा हूँ।"

"किस क्लास में आप हैं?"

"एम.ए. में।" धीमे स्वर से कहकर समझ की लाजभरी पलकें झुका लीं।

कुछ आग्रह से साहब ने पूछा–"आप ब्राह्मण हैं?"

"जी नहीं, कायस्थ हूँ।"

"यहाँ कहाँ रहती हैं?"

"माडॅल हॉसेज में।"

साहब कुछ चौंके। पूछा–"आपके वहाँ कोई ज्योतिर्मयी रहती हैं। आपके कॉलेज की बी.ए. पहले साल की छात्रा हैं।"

लीला भी चौंकी। कुछ हिम्मत हुई। लजाकर पूछा–"जनाब का नाम?"

"मुझे श्यामलाल कहते हैं।–अरे ए, कार तो ले आने को कह दे।"

लीला का संकोच बहुत कुछ दूर हो गया। बोली–"हाँ, आपका जिक्र मैंने सुना है।" साहब की उत्सुकता बढ़ गयी। बड़ी उतावली से पूछा–"कहाँ सुना?"

लीला मुस्करायी। कहा–"जोत की सखियों से, उसकी एक चिट्ठी देखी थी।"

साहब उतरे स्वरों में बोले–"उसका कोई जवाब अभी नहीं मिला। उनके पिता जी मेरे विलायत रहते समय मेरे पिता जी से मिले थे। मेरे पास उनका चित्र गया था। विलायत से लौटकर एक पत्र में मैंने लिखा था

अभी मैंने उन्हें देखा नहीं। तारीफ़ सुनी है।" कहकर साहब कुछ चिन्ता करने लगे।

मोटर आ गयी।

मुस्कराकर लीला ने वादा किया कि वह जोत से पत्र लिखने के लिए कहेगी। साहब आँखें झुकाये चुपचाप खड़े रहे। कुछ देर बाद बोले—"नहीं, आप ऐसा कुछ मत कहें।" फिर मोटर पर चढ़ने के लिए लीला को आमन्त्रित किया।

नमस्कार कर लीला बैठ गयी। मोटर चल दी।

तीसरे दिन बाबू श्यामलाल को जोत का उत्तर मिला। लिखा था—

जनाब,

मैंने आपको जवाब इसलिए नहीं दिया कि जवाब देना सभ्यता के ख़िलाफ़ है। आज लीला दीदी से आपके मिलने की सांगोपांग बातें मालूम हुई। जिस मजनू की जो लैला होती है, वह इसी तरह उसे अपने आप मिलती है। अपनी लैला की आप हमेशा रक्षा करें, आपसे सविनय मेरी प्रार्थना है। तब मेरा और आपका रिश्ता और मधुर हो जायेगा, क्योंकि बहन जिसे ब्याहती है, वह अगर पत्नी की बहन को साली कह सकते हैं, तो पत्नी की बहन भी उन्हें वही पुरुष-संबोधन कर सकती है। आशा है, मेरा-आपका यह संबंध स्थायी होगा।

आपकी

'ज्योर्तिमयी'

न्याय

अभी उषा की रेशमी लाल साड़ी प्रत्यक्ष हो रही है, भास्कर-मुख अपर प्रान्त की ओर है, केवल केशों की सघन व्योम-नीलिमा इधर से स्पष्ट। मुख का मृदुस्पर्ष, प्रकाश, लघुतम तूलि जैसे, पर दिगन्तशोभ से उतरकर तन्द्रा से अलस जीवों को जगा रहा है। खिली अमलतास की हेमांगी शाखाएँ तरुणी-बालिकाओं-सी स्वागत के लिए सजकर खड़ी हैं। पवन पुनः पुनः उषा का दर्शन शुभ मधुर सन्देश दे रहा है। निबिड़ नीड़ाश्रय से विहंग प्रभाती गा रहे हैं।

इस सुख के समय गोमती-तट से क्षिप्र गति में दो-एक भ्रमणशील शिक्षित युवक शंकाकुल लौटते हुए दिखायी पड़ते हैं, जैसे शीघ्र घर लौटकर भ्रमण के लिए जाने का सत्य भी छिपाना चाहते हों। भय और उद्वेग का अशुभ कारण कोई किसी से नहीं कह रहा।

उसी रास्ते के दूसरी ओर वकील लाला महेश्वरीप्रसाद रहते हैं। रोज़ सुबह उसी रास्ते घड़ी और छड़ी लेकर टहलने जाते हैं। उधर चले, तो लौटने वाले एक अनजाने आदमी को देखकर मन में चौंके। उससे घबराकर चलने का कारण डरते-डरते पूछा। उत्तर में, सँभलकर उसने कहा–"आपको भ्रम हो रहा है, मैं घबराने क्यों लगा?"–फिर अपना रास्ता नापा। वकील

महेश्वरीप्रसाद आगे बढ़े। गोमती के किनारे कुछ दूर जाने पर बड़ी करुण आवाज़ आयी–"भैया! मुझे निकाल लो, तीन आदमी सुन-सुनकर चले गये, दया करो, मैं आप नहीं निकल सकता, जख़्मी हूँ। रात को मारकर डाल दिया है बदमाशों ने।"

वकील साहब के कलेजे में हूक-सी लगी। उल्टे पैर भगे। उनका बंगला पास ही था। रास्ता छोड़कर खेतों से दौड़े। एक दूसरे बँगले से एक युवक उनकी चाल देखकर हँस रहा था। हाथ के इशारे से वकील साहब ने उसे पास बुलाया। युवक चला गया। घबराये हुए गोमती की तरफ़ उँगली उठाकर वकील साहब ने कहा–"वहाँ जाओ, देखो।" कहकर बँगले की तरफ़ बढ़े। युवक गोमती की तरफ़ गया।

घायल की दशा देखकर युवक को दया आ गयी। उसके सीने में दोनों तरफ़ से छुरा भोंका गया था। गोमती के प्रवाह से देह का तमाम ख़ून बह गया था। पर वह साधारण मनुष्य से ज़्यादा सचेत था, आवाज़ ज़्यादा साफ़। वीर कर्तव्य की ओर देखता है, काल्पनिक भविष्य-विपत्ति की ओर नहीं। उस घायल की रक्षा के लिए उसके विशाल हृदय में सहानुभूति पैदा हुई, व्यायाम से कसी बाँहें अपनी ही शक्ति से वासस्थल तक ले जाने को फड़कने लगीं। आँखों ने अपने भाई को देखा।

एक हाथ जाँघों से, एक गर्दन से लगाकर अनायास युवक उसे निकालकर अपने डेरे को ले चला। जल से निकलते ही घावों की पीड़ा से घायल चीत्कार करने लगा। नज़दीक ही युवक का डेरा था। अपने बिस्तर पर ले जाकर लेटा दिया। कपड़े की रगड़ से पीड़ा बढ़ रही थी, घायल ने उतार देने के लिए कहा, सँभालकर युवक ने एक-एक कपड़े उतार दिये।

फिर काग़ज़ लेकर उसके बयान लिखने लगा। घायल को बेहोशी आ रही थी, कहते-कहते भूल जाता था। कुछ असंबद्ध उक्तियाँ युवक ने लिख लीं। घायल मूर्छित हो गया।

युवक व्यग्रता से निश्चय न कर सका कि क्या करे, पहले थाने में रिपोर्ट लिखवाये या अस्पताल ले जाये। घायल की प्रति-मुहूर्त बढ़ती हुई बुरी हालत एक बार उसे थाने की ओर ढकेलती, फिर अस्पताल की ओर। अन्त में अस्पताल ले जाने का निश्चय किया। पास एक रईस रहते थे। उनके यहाँ जाकर उसने कुल किस्सा बयान किया और उनकी मोटर माँगी। उन्होंने घड़ी देखकर कहा–"सिर्फ़ छह मिनट समय रह गया है, हमें डिप्टी-कमिश्नर साहब से मिलने के लिए जाना है।" कहकर निगाह फेर ली। एक बार उनकी तरफ़ देखकर युवक अपने कमरे में चला आया। उस बँगले में 3-4 भले आदमी किराये पर रहते थे। जब घायल को लेकर युवक आया था, तब वे लोग थे घायल के मौन होते ही सब लोग उसकी साँसों से जाग्रत बँगले के शरीर से स्वप्न की तरह अदृश्य हो गये। घबराया हुआ युवक रास्ते पर आकर खड़ा हुआ। एक खाली ताँगा सवारी छोड़कर कार्लटन होटल से निकला। कुछ हाल न कहकर युवक ने ताँगा बुला लिया। बँगले जाकर ताँगेवाला जख़्मी को देखते ही बिगड़कर बोला–"आप हमें फँसाना चाहते हैं? यह रास्ते-भर को भी तो न होगा।" कहकर उसने अपना ताँगा बढ़ाया। युवक को काठ मार गया। कुछ देर बाद खड़ा कवियों के स्वर्गतुल्य, अप्सराओं के नूपुरों से मुखर, इस मनोहर संसार को भावना की अचपल दृष्टि से देखता रहा, फिर घायल के पास गया। देखा, सब खेल ख़त्म हो चुका है। साँस देखी, नाड़ी देखी, कहीं से भी उसके अस्तित्व का प्रमाण नहीं मिल रहा है, सूख गया। सिर्फ़ उसका नौकर मालिक की आज्ञा-पूर्ति के लिए मुस्तैद उसकी तरफ़ देख रहा था। हताश होकर युवक कुर्सी पर बैठ गया। एक चिट्ठी लिखकर नौकर से 'वसन्तावास' दे आने के लिए कहा। नौकर चिट्ठी लेकर गया, युवक थाने की ओर चला।

रिपोर्ट अधूरी और ऐसी थी कि साथ-साथ दारोगा जी की तहक़ीक़ात की ज़रूरत हुई। वह युवक के साथ हो लिये। बँगले पहुँचकर देखा, एक

लाश पलंग पर पड़ी है, सीने में दोनों तरफ़ से छुरे की तरह कोई अस्त्र भोंका गया है।

पूरी मुस्तैदी से गोमती तट, मृतक के लेटने की विधि आदि की परीक्षा कर, निर्भय, निश्चिंत होकर दारोगा जी कुर्सी पर बैठ गये और गम्भीरः प्रभावोत्पादक स्वर से पुनः पूछने और बयान लिखने लगे।

"आपने इसे कहाँ देखा है?"

"एक बार कह चुका हूँ।"

"आप वहाँ कैसे गये?"

"मुझसे वकील बाबू महेश्वरीप्रसाद ने कहा, वह उस तरफ़ वाले बँगले में रहते हैं।"

थानेदार साहब ने बाबू महेश्वरीप्रसाद को कारण बताकर ले आने के लिए कांस्टेबल को भेज दिया।

"फिर आपने क्या किया?"

"मैं इसे उठा लाया, यह निकाल देने के लिए मुझे देखते ही पुकारकर कहने लगा था।"

"आप कैसे ले आये?"

"बाँहों पर उठाकर।"

दारोगा जी ने एक बार युवक के पुष्ट शरीर को देखा।

"फिर आपने क्या किया?"

"इसके कहने पर कपड़े उतारे, फिर पूछ-पूछकर बयान लिखने लगा।"

"दिखलाइये वह काग़ज़।"

युवक ने काग़ज़ दे दिया। पढ़कर थानेदार साहब जामे से बाहर हो गये। डाँटकर कहा–"यह कोई बयान है? नाम है किरिश्नाचरन (कृष्णचरन) बस, बाप का नाम? क़ौम?"

"क़ौम के लिए मैं पूछ रहा था, पर वह बोल नहीं सका।"

पूरे सन्देह की दृष्टि से थानेदार साहब ने युवक को देखा। व्यंग्य करते हुए बोले–"आप जब गये थे, तब पानी में डूबा हुआ यह साफ़ आवाज़ निकाल रहा था, पर आपके यहाँ आते ही इसकी ज़बान में ताला पड़ा गया।"

युवक ने भी व्यंग्य किया–"जी हाँ, जब यहाँ मरा पड़ा है, तो वहाँ भी क्यों न मरा पड़ा होगा?"

क्रूर दृष्टि से थानेदार साहब ने युवक को घूरा। कहा–"और 'चौक से आ'– इसके क्या मानी?"

"यह मैं क्या बताऊँ? मैंने पूछा था, वह सवाल ऊपर लिखा हुआ है कि तुम कैसे मारे गये तो 'चौक से आ' कहकर चुप हो गया।"

"फिर 'किसने मारा?'–'मह।' 'मह' ने मारा? 'मह' क्या बला है?"

युवक थानेदार साहब की स्वगतोक्ति सुनकर मन-ही-मन भारतवर्ष की पुलिस के साथ विलायत की पुलिस को मिला रहा था, इसी समय सिपाही बाबू महेश्वरीप्रसाद के यहाँ से संवाद लेकर लौटा, दारोगा जी से कहा–"बाबू महेश्वरीप्रसाद बँगले में नहीं हैं, उनके नौकर ने कहा है, कल अदालत से लौटकर शाम वाली गाड़ी से वकील साहब घर गये हैं।"

थानेदार साहब की शंका बढ़ गयी। पर रह-रहकर सोच रहे थे–'इसने वकील साहब का नाम क्यों लिया? समाधान करते थे–मुमकिन है, किसी दुश्मन पर होने वाली वारदात के लिए वकील ने पहले से कह रखा हो कि

हम ऐसा कह देंगे, तो तुम छूट जाओगे।' निश्चय किया—यह जैसा तगड़ा है, यह अकेला भी इसे मार सकता है।

मन में विश्वास भर गया, इसलिए स्वर भी शंका के बाद निश्चय में बदल गया, मृतक के कपड़ों की जाँच करते हुए दारोगा जी को जेब में जनेऊ मिला। निश्चय पर ज़ोर पड़ा—यह जनेऊ छिपाया गया है। पूछा—"यह जनेऊ किसने निकाला?"

"मुझे नहीं मालूम।"

दारोगा जी ने गम्भीर होकर पूछा—"फिर आपको क्या मालूम है?"

युवक क्रोध से चुप हो गया। दारोगा जी ने पूछा—"तो आपने फिर क्या किया?"

युवक ने सोचा—'अब मोटर वाली बात कहता हूँ, तो सम्भव है, मोटरमालिक वकील साहब की तरह उस समय मौजूद न रहें।' फिर कहा—"फिर अस्पताल ले जाने के लिए रास्ते से एक ताँगा ले आया, पर ताँगे वाले ने ले जाना मंजूर न किया।"

"वह कितने नम्बर का ताँगा था?" जमकर दारोगा जी ने पूछा।

"मुझे मालूम तो था नहीं कि आप नम्बर पूछेंगे।"

दारोगा जी ग़ौर करने लगे। युवक दोषी है, ऐसा प्रमाण तो न था, पर निर्दोष है, ऐसा भी प्रमाण न था, बल्कि एक झूठ साबित हो चुका है। ऐसी हालत में सन्देह को ही श्रेय देना उचित है। हत्या का एक विश्वसनीय कारण पुलिस को दिखाना पड़ता है, यदि प्रमाण अप्राप्य रह गया।

थाने में रिपोर्ट लिखाने के समय युवक नाम-धाम आदि लिखा चुका था, पर इस समय दारोगा जी ने फिर उससे कुछ ऐसे प्रश्न किये। वह कौन है, इस प्रश्न का बहुत ही संक्षिप्त उत्तर सभ्यता के विचार से ह्रस्व स्वरों

में उसने दिया। अतः उसकी स्थिति का भी कोई प्रभाव थानेदार साहब पर न पड़ा। फिर पढ़े-लिखे युवकों द्वारा हुई हत्या के कारण हैं भी—कुछ ऐसा इनमें भी रहस्य सम्भव है।

सोच-विचारकर दारोगा जी पंचनामे की कार्रवाई पूरी करने लगे। इस संबंध से अपने को बिलकुल अनभिज्ञ बतलाने वाले कुछ पंच भी मिले। इसी समय सिपाहियों की ओर थानेदार साहब ने एक इशारा किया। सिपाही युवक को चारों ओर से घेरे हुए खड़े थे। इशारा पाकर बाँध लिया। पंच डरे हुए काम के बहाने, चलने को हुए। लाश की हालत और युवक के कमरे की चीज़ें लिखकर पंचों के दस्तख़त कराकर ताला लगा दिया गया।

युवक ने शून्य दृष्टि से एक बार थानेदार साहब को, फिर आकाश की ओर देखा।

हत्या का करण और कारण साथ लेकर थानेदार साहब थाने के लिए रवाना हुए।

थाने पहुँचे ही थे कि ताँगे से उतरकर इक्कीस-बाईस साल की एक सुन्दरी दारोगा जी की कुर्सी की ओर बढ़ती नज़र आयी। केश-वेश अत्यन्त आधुनिक। चाल-ढाल संकोच से सोलहो आने रहित। दारोगा जी को रास्ते में छोड़कर थाने में ऐसा चमत्कार कभी नहीं दिखायी पड़ा। युवती सीधे दारोगा जी के सामने जा, उन्हीं से पूछने लगी—"मुझे थाने के इंचार्ज दारोगा जी की सख़्त ज़रूरत है, क्या आप बतला सकेंगे—वह कहाँ मिल सकते हैं?"

"हाँ, फरमाइये।"

"अच्छा, आप हैं, पोशीदा बातचीत है।" युवती मुस्करायी।

थानेदार साहब ने एकान्त कर लिया।

साग्रह देखते हुए दारोगा जी से युवती ने कहा–"आपने राजीव को गिरफ़्तार किया है, पर वह बेक़ुसूर है।"

"कोई सबूत तो नहीं।"

"मैं गोमती-किनारे से टहलती हुई आ रही थी, वकील महेश्वरीप्रसाद राजीव को उधर जाकर देखने के लिए कह रहे थे, और ख़ुद डरे हुए कमरे की तरफ़ जा रहे थे।"

कुछ सोचकर दारोगा जी ने कहा–"वह कल शाम को घर चले गये हैं, उनके नौकर से मालूम हुआ।"

"अच्छा, मैं बहुत ज़्यादा कुछ नहीं कहना चाहती। मेरे पास तीस गवाह हैं, लेडीज और जेंटलमैन, अदालत में आपको मालूम हो जायेगा, साढ़े नौ बजे रात को कल मैं अपनी तीन सखियों और दो मित्रों के साथ छतरमंजिल की तरफ़ से आ रही थी, एक आदमी हम लोगों को देखकर भागा। हमें शक हुआ, हमारे साथ के मित्रों ने दौड़कर उसे पकड़ा। उसकी कमर में सात सौ रुपये थे, कुर्ता नहीं पहने था, अब मालूम होता है ख़ून के धब्बों की वजह से कुर्ता कहीं फेंक दिया था। वही ख़ूनी रहा होगा, मेरे मित्र बदमाश समझकर यहाँ ले आये, आपका नाम लेकर कहते थे कि दारोगा जी ने देखकर उसे पहचान लिया–वह चौक का भागा हुआ बदमाश महताबअली था। जान पड़ता है, आपने उसे छोड़ दिया, अच्छा, देखा जायेगा।" कहकर लापरवाही से युवती उठी।

दारोगा जी सूख गये। घबराकर बोले–"यह सरासर झूठ है।"

चलती हुई युवती बोली–"आपके इस मुकद्दमे की तरह अदालत में यह भी सच साबित हो सकता है। मगर हाँ, तब आपके सबूत से यह ज़्यादा सही साबित होगा।" एड़ी के बल ज़रा लौटकर युवती बोली–"और बहुत-सी बातें हैं, आपने जिसे गिरफ़्तार किया है, आप जानते नहीं, यह कितना बड़ा इज़्ज़त का आदमी है।"

युवती फिर बढ़ी, तो दारोगा जी ने बड़े विनयपूर्ण शब्दों से बुलाया। युवती लौट पड़ी। पास आने पर पूछा–"वे आपके कोई होते हैं?"

"मेरे कोई होते, तो मेरे यहाँ आने की ज़रूरत क्या थी?"

इस अद्भुत स्त्री की ओर देखकर दारोगा जी ने कैदी को छोड़ देने के लिए कहा।

ताँगे पर बैठकर प्रतिमा ने राजीव से कहा–"पूरा प्लॉट तुम्हारी चिट्ठी पर तैयार किया। तुमने लिखा भी ख़ूब था। सिर्फ़ महताब के लिए रिसर्च करते कुछ देर लगी थी, यानी जितनी देर इस ताँगे वाले से बातचीत करने में लगेगी। यह रिसर्च हो सकता है।"

थानेदार साहब ने लिखा–"जान पड़ता है, यह कोई क्रान्तिकारी था, बम लिये जा रहा था, एकाएक बम के धड़ाके से काम आ गया है।"

डॉक्टर की परीक्षा में जख़्मों के भीतर में सीसे के कुछ नुकीले टुकड़े भी मिले।

राजा साहब को ठेंगा दिखाया

लोग कहते हैं, ऐसा लिखा जाये कि एक मतलब हो, उसी वक़्त समझ में आ जाये, अपढ़ लोग भी समझें। बात बहुत सीधी है। मुझे एक उदाहरण याद आया। लिखता हूँ। यह लिखा हुआ उद्धृत नहीं देखा हुआ है। तब तक आप लोग ठेंगा दिखाने का मुहावरा याद रखें।

बंगाल और उड़ीसा को जोड़ने वाली एक नहर है। रूपनारायण (नद) से काटकर कटक तक निकाली गयी है। यह केवल आबपाशी के लिए नहीं, इससे व्यवसाय भी होता है, बड़ी-बड़ी नावें चलती हैं।

इसके किनारे पद्मदल राजधानी है। राजा साहब के छोटे-छोटे स्टीमर, बोट, लाउंच, बजरे, किश्ती, डोंगी आदि राजधानी के पास चौड़ी की हुई नहर के एक तरफ़ बँधी रहती हैं।

जेठ का महीना सूरज डूब रहा है। ज़ोरों से बहती हुई मलय वायु में षोडशी का स्पर्श मिलता है। यह अकेली दक्षिणी हवा बंगाल की आधी कविता है। प्रासाद-शिखरों से सुनहली किरणें लिपटी हैं, उन्हीं के प्रेम की साँस जैसे दक्षिणी हवा में बह रही है। बड़े-बड़े तालाबों में श्वेत और रक्त कमल खुले हुए अनुभव-जैसे, लोट रहे हैं। स्वच्छ, कीमती, चौड़ी किनारी

वाली, बारीक, ठोस-बुनी, बंग्ला-ढंग से कोंछीदार शान्तिपुरी धोती, रेशमी शर्ट और सुनहरे स्लीपर पहने, चश्मा लगाये राजा साहब नाव की सैर के लिए चले। रास्ते में तीन ड्योढ़ियाँ पड़ती हैं, हौदा-कसे हाथियों के निकलते आधी और ऊँची; रास्ते के दोनों तरफ़ बड़े-बड़े तालाब; साफ़-सुथरे दूब जमाये पार्क; दोनों बग़ल बटम-पाम की कतारें; दूर के देशी बाग़ीचों से बेला, जूही और कमलों की ख़ुशबू आती हुई। पहली ड्योढ़ी में बैठे हुए राजा साहब के मुसाहब उनके आने पर कतार बाँधकर भक्तिपूर्वक प्रणाम करके उद्दण्ड प्रसन्नता से साथ हो गये। अर्दली, सिपाही, खानसामे प्रासाद से साथ आये थे। पहली, दूसरी और तीसरी ड्योढ़ी के सिपाही क्रमशः किर्च निकाल-निकालकर, राजा साहब को बायें रखकर दाहिने हाथ से सलामी देते गये। तीसरी ड्योढ़ी प्रासाद के अहाते को घेरने वाली जलाशय चौड़ी खाई के किनारे है, खाई के ऊपर से पुल है।

राजा साहब निकलकर नहर-घाट की तरफ़ चले। स्टीमर, लाउंच, मोटर-बोट और देशी किश्ती वाले मुसलमान, नौकर, कप्तान और माझियों ने भी उसी प्रकार कतार बाँधकर सलाम किया। राजा साहब खुली छत वाली एक अंग्रेजी कट की देशी किश्ती पर पतवार पकड़कर बैठ गये। पीछे-पीछे मनोरंजन के लिए पले पहलवान—जैसे मुसाहब आकर एक-एक तख़्ते पर डाँड़ सँभालकर बैठे। माझी खड़े रहे। सिपाही और अर्दली नहर के किनारे-किनारे बोट के साथ दौड़ लगाकर रहने के लिए लाँग समेटने लगे। किश्ती चली, किनारे-किनारे सिपाही दौड़े।

डेढ़ मील के फ़ासले पर शक्तिपुर नाम का एक बाग़ी गाँव है। वहाँ विश्वम्भर भट्टाचार्य नाम का एक ब्राह्मण रहता है। राजा साहब कई रोज़ से किश्ती पर हवाखोरी करते हैं, देखकर, सोच-विचारकर, लाँग चढ़ाकर, अपने गाँव के पास नहर के बाँध पर खड़ा विश्वम्भर राजा साहब की प्रतीक्षा कर रहा है।

सिपाही लोग दौड़कर कुछ ही दूर तक साथ रहते हैं, आठ–आठ, दस–दस पट्ठों की डाँड़मारी किश्ती तीर–सी चलती है, तीन–चार फर्लांग के बाद सिपाहियों का दम खुल जाता है, किश्ती आगे निकल जाती है, वे पीछे–पीछे लट्ठ लिये दुलकी दौड़ते आते हैं।

जब शक्तिपुर के पास किश्ती पहुँची, तब सिपाही तीन–चार फर्लांग पीछे थे। विश्वम्भर राजा साहब की ताक में खड़ा ही था; जब किश्ती आती हुई सौ गज फ़ासले पर रह गयी, तब उसने एक अद्भुत प्रकार की ध्वनि की, जिससे राजा साहब का ध्यान आकर्षित हो। राजा साहब को अपनी तरफ़ देखते हुए देखकर उसने हवा में उँगली से लिखकर राजा साहब की ओर कोंचा; फिर पेट खलाकर दोनों हाथों को मरोड़ा, फिर दाहिने हाथ से मुँह थपथपाया, फिर दोनों हाथों के ठेंगे हिलाकर राजा साहब को दिखाया।

राजा साहब देख रहे थे। डाँड़ धीमे कर देने को कहा। फिरकर देखा, सिपाही दूर थे। किश्ती धीरे–धीरे चलती गयी। विश्वम्भर पीछे–पीछे दोनों हाथों से पेट दिखाता, ठेंगे हिलाता दौड़ा। राजा साहब जब सिपाहियों को फिरकर देखते थे, तब पहले विश्वम्भर ठेंगे हिलाता हुआ दिखायी पड़ता था। बाँध पर और भी आ–जा रहे थे। कुछ भले आदमी हवाखोरी को निकले हुए मुस्करा रहे थे। किश्ती की चाल धीमी देखकर सिपाहियों ने जल्दी की। नज़दीक आकर एक अनजाने को बेअदबी करते देखकर राजा साहब की तरफ़ देखा। राजा साहब ने इशारे से सिर हिलाया। सिपाही विश्वम्भर को पकड़कर प्रहार करने लगे। किश्ती लौट चली।

सिपाहियों ने आते हुए विश्वम्भर की मुद्राएँ देखी थीं, जिनका अर्थ समझने में उन्हें देर नहीं हुई। उसे मारते हुए कहने लगे–"क्यों रे...हमारे महाराज रियाया की ज़बान बन्द करते हैं?–पेट भी मारते हैं?–ठेंगा दिखाता है हमारे महाराज को, इतना भी नहीं समझता?" विश्वम्भर को पीटकर दोनों

गदोरी और उँगलियाँ कुचलकर सिपाही चले गये। ख़बर विश्वम्भर के घर पहुँची। उसकी पत्नी, सत्रह साल की विधवा बेटी और दो (नौ और पाँच साल के) छोटे लड़के फटे कपड़े पहने, रोते हुए बाँध पर पहुँचे। गाँव के और लोग भी गये। विश्वम्भर को सँभालकर उठा लाये। खाट पर लिटा दिया। गर्म हल्दी-चूना लगाने लगे। राजा साहब के जासूस छद्मवेश से पता लगाते रहे।

गाँव के कुछ भलेमानस गर्म पड़े। पर कुछ कर न सके। राजा साहब का प्रताप बड़ा प्रबल है। उनके विरोध में कुछ करने की अपेक्षा विश्वम्भर के समर्थन में कुछ करना अच्छा है, यह सोचकर उसी की सेवा करने लगे।

विश्वम्भर बड़ा सीधा, सच्चा ब्राह्मण है। विशेष पढ़ा-लिखा नहीं, किसी तरह पूजा कर लेता था। शक्तिपुर से तीन कोस दूर रंगनगर में राज्य की विशालाक्षी देवी हैं। विश्वम्भर इनका पूजक है। तीन रुपया महीना और रोज़ पूजा के लिए तीन पाव चावल और चार केले पाता है। घर में पाँच आदमी खाने वाले हैं। बड़े दुःख के दिन होते हैं। इधर बीस महीने से उसे वेतन नहीं मिलता। केवल तीन पाव चावल का सहारा रहा। कुछ और काम वह, उसकी पत्नी और बेटी, तीनों अलग-अलग कर लेते थे। फिर भी पेट-भर को न होता था। विश्वम्भर ने तनख़्वाह के लिए इधर साल-भर में दो दर्जन से ज़्यादा दरख़्वास्तें दी थीं, पर सुनवाई नहीं हुई। इस बार प्राणों की भाषा में उसने अपने भाव प्रकट किये थे—हवा में लिखकर, कोचकर बताया था, तुम्हें लिख चुका हूँ, पेट मलकर कहा था, भूखों मर रहा हूँ; मुँह थपथपाकर और ठेंगे हिलाकर बतलाया था, खाने को कुछ नहीं है। उतने प्रकाश में, इतनी स्पष्ट भाषा से समझाया था, पर राजा साहब ने अपमान समझा। सिपाहियों ने दूसरे अर्थ लगाये।

जासूसों ने राजा साहब को समझाया कि शक्तिपुर के बाग़ी विश्वम्भर से मिले हैं, उन्होंने उसे बेवक़ूफ़ जानकर महाराज का उससे अपमान

कराया। विश्वम्भर सरकार की नौकरी का ख़याल छोड़कर बाग़ियों से मिला है। जासूसों ने इस प्रकार अपनी रोटियों का प्रबन्ध किया।

कुछ दिनों बाद, घाव पुरने पर स्ट्रेट की तरफ़ से विश्वम्भर को आज्ञा-पत्र मिला–"अब तुम्हारी नौकरी की सरकार को आवश्यकता नहीं रही।"

देवी

बारह साल तक मकड़े की तरह शब्दों का जाल बुनता हुआ मैं मक्खियाँ मारता रहा। मुझे यह ख़याल था कि मैं साहित्य की रक्षा के लिए चक्रव्यूह तैयार कर रहा हूँ। इससे उसका निवेश भी सुन्दर होगा और उसकी शक्ति का संचालन भी ठीक-ठीक। पर लोगों को अपने फँस जाने का डर होता था, इसलिए इसका फल उल्टा हुआ। जब मैं उन्हें साहित्य के स्वर्ग ले चलने की बातें कहता था, तब वे अपने मरने की बातें सोचते थे; यह भ्रम था। इसलिए मेरी कद्र नहीं हुई। मुझे बराबर पेट के लाले रहे। पर फाकेमस्ती में भी मैं परियों के ख़्वाब देखता रहा—इस तरह अपनी तरफ़ से मैं जितना लोगों को ऊँचा उठाने की कोशिश करता गया, लोग उतना मुझे उतारने पर तुले रहे और चूँकि मैं साहित्य को नरक से स्वर्ग बना रहा था, इसीलिए मेरी दुनिया भी मुझसे दूर होती गयी, अब मौत से जैसे दूसरी दुनिया में जाकर मैं उसे लाश की तरह देखता हूँ। "दूबर होत नहीं कबहूँ पकवान के विप्र, मसान के कुकर" की सार्थकता मैंने दूसरे मित्रों में देखी, जिनकी निगाह दूसरों की दुनिया की लाश पर थी। वे पहले फटीचर थे, पर अब अमीर बन गये हैं, दो-मंजिला मकान खड़ा कर लिया है, मोटर पर सैर करते हैं। मुझे देखते हैं, जैसे मेरा-उनका नौकर-मालिक का रिश्ता हो। नक्की स्वरों में कहते

हैं–'हाँ, अच्छा आदमी है; ज़रा सनकी है।' फिर बड़े गहरे बैठकर मित्र के साथ हँसते हैं। वे उतनी दूर बढ़ गये हैं, मैं जिस रास्ते पर था, उसी पर खड़ा हूँ। जिसके लिए मेरी इतनी बदनामी हुई, दुनिया से मेरा नाम उठ जाने को हुआ, जो कुछ था, चला गया, उस कविता को जीते-जी मुझे भी छोड़ देना चाहिए। जिसे लोग ख़ुराफ़ात समझते हैं, उसे न लिखना हो तो लोगों की समझ की सच्ची समझ होगी? रतिशास्त्र, वनिता-विनोद, काम-कल्याण में मश्क करते कौन देर लगती है? चार किताबों की रूह छानकर एक किताब लिख दूँगा। 'सीता', 'सावित्री', 'दमयन्ती' आदि की पावन कथाएँ आँख मूँदकर लिख सकता हूँ। तब बीवी के हाथ 'सीता' और 'सावित्री' आदि देकर बग़ल में 'चौरासी आसन' दबाने वाले दिल से नाराज़ न होंगे। उनकी इस भारतीय संस्कृति को बिगाड़ने की कोशिश करके ही बिगड़ा हूँ। अब ज़रूर सँभलूँगा। राम, श्याम जो-जो थे, पूजने-पुजाने वाले, सब बड़े आदमी थे। बग़ैर बड़प्पन के तारीफ़ कैसी? बिना राजा हुए राजर्षि होने की गुंजाइश नहीं, न ब्राह्मण हुए बग़ैर ब्रह्म होने की है। वैश्यर्षि या शूद्रर्षि कोई था, इतिहास नहीं शास्त्रों में भी प्रमाण नहीं, अर्थात नहीं हो सकता। बात यह कि बड़प्पन चाहिए। बड़ा राज्य, ऐश्वर्य, बड़े पोथे, तोप, तलवार, गोले-बारूद, बन्दूक-किर्च, रेल-तार, जंगी जहाज़, टारपेडो, माइन, सबमेरीन-गैस, पल्टन-पुलिस, अट्टालिका-उपवन आदि-आदि सब बड़े-बड़े, इतने कि वहाँ तक आँख नहीं फैलती, इसलिए कि छोटे समझें कि वे कितने छोटे हैं। चन्द्र, सूर्य, वरुण, कुबेर, यम, जयन्त, इन्द्र, ब्रह्म, महेश तक बाकायदा बाहिसाब ईश्वर के यहाँ भी छोटे से बड़े तक मेल मिला हुआ है।

होटल के बरामदे में एक आराम-कुर्सी पर पैर फैलाकर लेटा हुआ इस तरह के विचारों से मैं अपनी क़िस्मत ठोक रहा था। चूँकि यह तैयारी के बाद का भाषण न था, इसलिए इसके भाव में बेभाव की बहुत पड़ी

होंगी, आप लोग सँभाल लीजियेगा। बड़े होने के ख़याल से ही मेरी नसें तन गयीं और नाम-मात्र के अद्‌भुत प्रभाव से मैं उठकर रीढ़ सीधी कर बैठ गया। सड़क की तरफ़ बड़े गर्व से देखा, जैसे कुछ कसर रहने पर भी बहुत कुछ बड़ा आदमी बन गया होऊँ।

मेरी नज़र एक स्त्री पर पड़ी। वह रास्ते के किनारे बैठी थी, एक फटी धोती पहने हुए, बाल कटे हुए। ताज्जुब की निगाह से आने-जाने वालों को देख रही थी। तमाम चेहरे पर स्याही फिरी हुई। भीतर से एक बड़ी तेज़ भावना निकल रही थी, जिसमें साफ़ लिखा था—"यह क्या है?" उस पच्चीस साल से कम। दोनों स्तन खुले हुए। प्रकृति की मारों से लड़ती हुई, मुरझाकर, मुमकिन है, किसी को पच्चीस साल से कुछ ज़्यादा जँचे, पास एक लड़का डेढ़ साल का खेलता हुआ, संसार की स्त्रियों की एक भी भावना नहीं, उसे देखते ही मेरे बड़प्पन वाले भाव उसी में समा गये, और फिर वही छुटपन सवार हो गया। मैं उसी की चिन्ता करने लगा—"यह कौन है, हिन्दू या मुसलमान? इसके एक बच्चा भी है। पर इन दोनों का भविष्य क्या होगा? बच्चे की शिक्षा, परवरिश क्या इसी तरह रास्ते पर होगी। यह क्या सोचती होगी, ईश्वर, संसार, धर्म और मनुष्यता के संबंध में?"

इसी समय होटल के नौकर को मैंने बुलाया, उसका नाम है संगमलाल। मैं उसे संग-मलाल कहकर पुकारता था। आने पर मैंने उससे उस स्त्री की बाबत पूछा। संगमलाल मुझे देखकर मुस्कराया, बोला—"वह तो पागल है, और गूँगी भी है, बाबू। आप लोगों की थालियों से बची रोटियाँ दे दी जाती हैं।" कहकर हँसता हुआ बात को अनावश्यक जानकर अपने काम पर चला गया।

मेरी बड़प्पन वाली भावना को इस स्त्री के भाव ने पूरा-पूरा परास्त कर दिया। मैं बड़ा हो भी जाऊँ, मगर इस स्त्री के लिए कोई उम्मीद नहीं। इसकी क़िस्मत पलट नहीं सकती। ज्योतिष का सुख-दुःख-चक्र इसके

जीवन में अचल हो गया है। सहते-सहते अब दुःख का अस्तित्व इसके पास न होगा। पेड़ की छाँह या किसी खाली बरामदे में दोपहर की लू में, ऐसे ही एकटक कभी-कभी आकाश को बैठी हुई देख लेती होगी। मुमकिन है, इसके बच्चे की हँसी उस समय उसे ठंडक पहुँचाती हो। आज तक कितने वर्षा-ग्रीष्म इसने झेले हैं, पता नहीं। लोग नेपोलियन की वीरता की प्रशंसा करते हैं। पर यह कितनी बड़ी शक्ति है, कोई नहीं सोचता। सब इसे पगली कहते हैं, पर इसके इस परिवर्तन के क्या वही लोग कारण नहीं? किसे क्या देकर, किससे क्या लेकर लोग बनते-बिगड़ते हैं, यह सूक्ष्म बातें कौन समझा सकता है? यह पगली भी क्या अपने बच्चे की तरह रास्ते पर पली है? सम्भव है, पहले सिर्फ़ गूँगी रही हो, विवाह के बाद निकाल दी गयी हो, या ख़ुद तकलीफ़ पाने पर निकल आयी हो, और यह बच्चा रास्ते के किसी ख़्वाहिशमन्द का सबूत हो।

मैं देख रहा था, ऊपर के धुएँ के नीचे दीपक की शिखा की तरह पगली के भीतर की परी इस संसार को छोड़कर कहीं उड़ जाने की उड़ान भर रही थी। वह साँवली थी, दुनिया की आँखों को लुभाने वाला उसमें कुछ न था, दूसरे लोग उसकी रुखाई की ओर रुख न कर सकते थे, पर मेरी आँखों को उसमें वह रूप दिखायी पड़ा, जिसे मैं कल्पना में लाकर साहित्य में लिखता हूँ; केवल वह रूप नहीं, भाव भी। इस मौन-महिमा आकार-इंगितों की बड़े-बड़े कवियों ने कल्पना न की होगी। भाव-भाषण मैंने पढ़ा था, दर्शनशास्त्रों में मानसिक सूक्ष्मता के विश्लेषण देखे थे, रंगमंच पर रवीन्द्रनाथ का किया अभिनय भी देखा था, ख़ुद भी गद्य-पद्य में थोड़ा-बहुत लिखा था, चिड़ियों तथा जानवरों की बोली बोलकर उन्हें बुलाने वालों की भी करामात देखी थी; पर वह सब कृत्रिम था, यहाँ सब प्राकृत है। यहाँ माँ-बेटे के मनोभाव कितनी सूक्ष्म व्यंजना से संचारित होते थे, क्या लिखूँ! डेढ़-दो साल से कमज़ोर बच्चे को माँ मूक भाषा

सिखा रही थी—आप जानते हैं, वह गूँगी थी। बच्चा माँ को कुछ कहकर न पुकारता था, केवल एक नज़र देखता था, जिसके भाव में वह माँ को क्या कहता आप समझिए! उसकी माँ समझती थी; तो क्या वह पागल और गूँगी थी?

पगली का ध्यान ही मेरा ज्ञान हो गया। उसे देखकर मुझे बार-बार महाशक्ति की याद आने लगी। महाशक्ति का प्रत्यक्ष रूप संसार को इससे बढ़कर ज्ञान देने वाला और कौन-सा होगा? राम, श्याम और संसार के बड़े-बड़े लोगों का स्वप्न सब इस प्रभात की किरणों में दूर हो गया। बड़ी-बड़ी सभ्यता, बड़े-बड़े शिक्षालय चूर्ण हो गये। मस्तिष्क को घेरकर केवल यही महाशक्ति अपनी महत्ता में स्थित हो गयी। उसके बच्चे में भारत का सच्चा रूप देखा, और उसमें—क्या कहूँ क्या देखा।

देश में शुल्क लेकर शिक्षा देने वाले बड़े-बड़े विश्वविद्यालय हैं। पर इस बच्चे का क्या होगा? इसके भी माँ है। वह देश की सहानुभूति का कितना अंश पाती है—हमारी थाली की बची रोटियाँ, जो कल तक कुत्तों को दी जाती थीं। यही, यही हमारी सच्ची दशा का चित्र है। वह माँ अपने बच्चे को लेकर राह पर बैठी हुई धर्म, विज्ञान, राजनीति, समाज जिस विषय को भी मनुष्य होकर मनुष्यों ने आज तक अपनाया है, उसी की भिन्न रुचि वाले पथिक को शिक्षा दे रही है, पर कुछ कहकर नहीं। कितने आदमी समझते हैं? यही न समझना संसार है बार-बार वह यही कहती है। उसकी आत्मा से यही ध्वनि निकलती है—संसार ने उसे जगह नहीं दी, उसे नहीं समझा; पर संसारियों की तरह वह भी है, उसके भी बच्चा है।

एक रोज़ मैंने देखा, नेता का जुलूस उसी रास्ते से जा रहा था। हज़ारों आदमी इकट्ठे थे। जय-जयकार से आकाश गूँज रहा था। मैं उसी बरामदे पर खड़ा स्वागत देख रहा था। पगली भी उठकर खड़ी हो गयी थी। बड़े आश्चर्य से लोगों को देख रही थी। रास्ते पर इतनी बड़ी भीड़ उसने नहीं

देखी। मुँह फैलाकर, भौंहें सिकोड़कर आँखों की पूरी ताक़त से देख रही थी–समझना चाहती थी, वह क्या था। क्या समझी, आप समझते हैं? भीड़ में उसका बच्चा कुचल गया और रो उठा। पगली बच्चे की गर्द झाड़कर चुमकारने लगी और फिर कैसी ज्वालामयी दृष्टि से जनता को देखा। मैं यही समझता हूँ। नेता दस हज़ार की थैली लेकर ग़रीबों के उपकार के लिए चले गये–ज़रूरी-ज़रूरी कामों में ख़र्च करेंगे।

एक दिन पगली के पास एक रामायणी समाज में कथा हो रही थी। मैंने देखा, बहुत से भक्त एकत्र थे। इतवार का दिन था। दो बजे से साहित्य-सम्राट् गोस्वामी तुलसीदास जी की रामायण का पाठ शुरू हुआ, पाँच बजे समाप्त। उसमें हिन्दुओं के मँजे स्वभाव को साहित्य-सम्राट् गोस्वामी तुलसीदास जी ने और माँज दिया है, आप लोग जानते हैं! पाठ सुनकर, मँजकर भक्त-मण्डली चली। दुबली-पतली ऐश्वर्य-श्री से रहित पगली बच्चे के साथ बैठी हुई मिली। एक ने कहा, इसी संसार में स्वर्ग और नरक देख लो। दूसरे ने कहा, कर्म के दण्ड हैं। तीसरा बोला, सकल पदारथ है जग माहीं, कर्म-हीन नर पावत नाहीं। सब लोग पगली को देखते शास्त्रार्थ करते चले गये।

संगमलाल ने मुझसे कहा–"बाबू, यह मुसलमान है।" मैंने उससे पूछा–"तुम्हें कैसे मालूम हुआ।" उसने बतलाया–"लोग ऐसा ही कहते हैं कि पहले यह हिन्दू थी। फिर मुसलमान हो गयी, इसका बच्चा मुसलमान से पैदा हुआ है; पहले यह पागल नहीं थी, न गूँगी; बाद को हो गयी।" मैंने सुन लिया। संगम ने किस ख़याल से कहा, मैं सोच रहा था। उन दिनों कई आदमियों से बातें करते हुए मैंने पगली का जिक्र किया; साहित्य, राजनीति आदि कई विषयों के आदर्श पर बहस थी; कुछ हँसकर चले गये, कुछ गम्भीर होकर और कुछ-कुछ पैसे उसे देने के लिए देकर। मैंने हिन्दू, मुसलमान बड़े-बड़े पदाधिकारी, राजा, रईस, सबको उस रास्ते में

जाते समय पगली को देखते हुए देखा। पर किसी ने दिल से भी उसकी तरफ़ देखा, ऐसा नहीं देखा। जिन्हें अपने को देखने-दिखाने की आदत पड़ गयी है, उनकी दृष्टि में दूसरे की सिर्फ़ तस्वीर आती है भाव नहीं, यह दर्शन मुझे मालूम था। जिन्दा को मुर्दा और मुर्दा को जिन्दा समझना भ्रम भी है और ज्ञान भी, बाड़ियों में आदमी का पुतला देखकर हिरन और स्वार जिन्दा आदमी समझते हैं, उसी तरह ज्ञान होने पर गिलहरियाँ बदन पर चढ़ती हैं–आदमी उन्हें पत्थर जान पड़ता है। ऊपर वाले आदमी पगली को देखते हुए किस कोटि में जाते थे, भगवान जानें।

एक दिन शहर में पल्टन का प्रदर्शन हो रहा था। पगली फुटपाथ पर बैठी थी। मैं उसी बरामदे पर नंगे बदन खड़ा सिपाहियों को देख रहा था। मेरी तरफ़ देख-देखकर कितने सिपाही मुस्कराये। मेरे बालों के बाद मुँह की तरफ़ देखकर लोग मिस-फैशन कहते हैं। थिएटर, सिनेमा में यह संबोधन दशाधिक बार एक ही रोज़ सुनने को मिला है। रास्ते पर भी छेड़खानी होती है, मैं कुछ बोलता नहीं। क्योंकि सबसे अच्छा जवाब है, बालों को कटा देना। पर ऐसा करूँ, तो मुझे दूसरों की समझ की ख़ुराक न मिले। मैं सोचता हूँ, आवाज़ कसने वालों पर एक हाथ रखूँ, तो छठी का दूध याद आ जाये, यह वे नहीं देखते। मैं समझ गया, सिपाही भी मिस-फैशन से ख़ुश होकर हँस रहे हैं। लत तो है। मेरे ग्रीक कट, पाँच फुट साढ़े ग्यारह इंच लम्बे, ज़रूरत से ज़्यादा चौड़े और चढ़े मोड़ों के कसरती बदन को देखकर किसी को आतंक नहीं हुआ। इसका निश्चय कर मैं पगली की तरफ़ देखने लगा। पगली बैठी थी। सिपाही मिलिटरी ढंग से लेफ़्ट-राइट, लेफ़्ट-राइट दुरुस्त, दर्प से जितना ही पृथ्वी को दहलाते हुए चल रहे थे, पगली उतना ही उन्हें देख-देखकर हँस रही थी। गोरे गम्भीर हो जाते थे। मैंने सोचा, मेरा बदला इसने चुका लिया। पगली ने ख़ुशी में बच्चे को भी शरीक करने की कोशिश की–माँ अच्छी चीज़, अच्छी तालीम बच्चे

को देती ही है। पगली पास बैठे बच्चे की ओर देखकर चुटकी बजाकर सिपाहियों की तरह उँगली से हवा को कोंच-कोंचकर दिखा रही थी और हँसती हुई जैसे क़ह रही थी–"ख़ुश तो हो? कैसा अच्छा दृश्य है।"

कई महीने हो चुके। आदान-प्रदान से पगली की मेरी गहरी जान-पहचान हो गयी। पगली मुझे अपना शरीर-रक्षक समझने लगी। उसे लड़के बहुत तंग करते थे। मैं वहाँ होता था, तो विचित्र ढंग से मुँह बनाकर मुझसे सहानुभूति की कामना करती हुई, अपार करुणा से देखती हुई लड़कों की तरफ़ इशारा करती थी। मुझे देखकर लड़के भग जाते थे। इस तरह मेरी उसकी घनिष्ठता बढ़ गई। वह मुझे अपना परम हितकारी मानने लगी। मैं ख़ुद भी पैसे देता था। और मित्रों से भी दिला देता था, पगली यह सब समझती थी। एक दिन मुझे मालूम हुआ, उसके पैसे बदमाश रात को छीन ले जाते हैं। यह मनुष्यों का विश्वव्यापी धर्म सोचकर मैं चुप हो गया। पैसे चोरी हो जाने पर पगली भूल जाती थी। छिन जाने पर, कम प्रकाश में किसी को न पहचानकर रो लेती थी।

एक दिन मेरे एक मित्र ने पगली से मज़ाक़ किया। किसी ने उन्हें बतलाया था कि इसके पास बड़ा माल है, मिट्टी में गाड़-गाड़कर इसने बड़े पैसे इकट्ठे किये हैं। मेरे मित्र पगली के पास गये, और मुस्कराते हुए ब्याज वाली बात समझाकर दो रुपये उधार माँगे। उनकी बात सुनकर पगली जी खोलकर हँसी, फिर कमर से तीन पैसे निकालकर निःसंकोच देने लगी।

गरमी की तेज़ लू और बरसात की तीव्र धार पगली और उसके बच्चे के ऊपर से पार हो गयी। लोग–जो समर्थ कहलाते हैं, केवल देखते रहे। पास एक ख़ाली मकान के बरामदे में, पानी बरसने पर, वह आश्रय लेती थी। जब तक वह उठकर बिस्तरा उठाकर जाये-जाये, तब तक उसका बिस्तरा भीग जाता था, वह भी नहा जाती थी। फिर उसी गीले में पड़ी रहती। उसका स्वास्थ्य धीरे-धीरे टूटने लगा। उसे तपस्या करने की आदत

थी, काम करने की नहीं। उसके हाथ-पैर बैठे-बैठे जकड़ गये थे। पानी के लिए रास्ते के उस पार जाना पड़ता था। पानी की कल उसी तरफ़ थी। इस पार से उस पार तक इतना रास्ता पार करते उसे आधे घंटे से ज़्यादा लग जाता था। एक फर्लांग पर कोई इक्का या ताँगा आता होता, तो पगली खड़ी हुई उसके निकल जाने की प्रतीक्षा करती रहती। उसकी मुद्राएँ देखकर कोई मनुष्य समझ जाता कि उस इक्के या ताँगे से दब जाने का उसे डर हो रहा है। साधारण आदमी तब तक चार बार रास्ता पार करता। एक इक्का निकल जाता, फिर दूसरा आता हुआ दिखायी पड़ता। पगली अपनी जगह जमी हुई चलने के लिए दो-एक दफ़े झूमकर रह जाती। उसकी मुख-मुद्रा ऐसी विरक्ति सूचित करती थी—वह उतनी खुली भाषा थी कि कोई भी उसे समझ लेता कि वह कहती है, 'यह सड़क क्या मोटर-ताँगे-इक्के वालों के लिए ही है? इन्हें देखकर मैं खड़ी होऊँ, मुझे देखकर ये क्यों न खड़े हों?' बड़ी देर बाद पगली को रास्ता पार करने का मौका मिलता। तब तक उसकी प्यास कितनी बढ़ती थी, सोचिए।

एक दिन हम लोग ब्लैक कुइन खेल रहे थे। शाम को पानी बरस चुका था। पगली उसी ख़ाली मकान के बरामदे पर थी। हम लोगों ने खाना खाकर खेल शुरू किया था। होटल के गेट की बिजली जल रही थी। फुटपाथ पर मेज़ और कुर्सियाँ डाल दी गयी थीं। दस बज चुके थे। बच्चे को सुलाकर पगली किसी ज़रूरत से बाहर गयी थी। उसका बच्चा सोता हुआ करवट बदलकर दो हाथ ऊँचे बरामदे से नीचे फुटपाथ पर आ गिरा, ज़ोर से चीख उठा। मेरे साथ के खिलाड़ी आलोचना करने लगे—"जान पड़ता है, पगली कहीं गयी है, है नहीं।" होटल के एक अमीरदिल बोर्डर ने संगम से कहा—"देख रे पगली कहीं हो, तो बुला तो दे।"

इनकी बातचीत में वह भाव था, जिसके चाबुक ने मुझे उठने को विवश कर दिया। मैंने उस बच्चे को दौड़कर उठा लिया। मेरे एक मित्र

ने कहा–"अरे, यह गन्दा रहता है।" मैं गोद में लेकर उसे हिलाने लगा। उतनी चोट खाया हुआ बच्चा चुप हो गया, क्योंकि इतना आराम उसे कभी नहीं मिला। उसकी माँ इस तरह बच्चे को सुख के झूले में झुलाना नहीं जानती। जानती भी हो तो उसमें शक्ति नहीं। बच्चे को आँखों के प्यार से गोद का सुख ज़्यादा प्यारा है। इसे इस तरह की मारें बहुत मिली होंगी, पर इस तरह का सुख एक बार भी न मिला होगा। इसलिए वह चोट की पीड़ा भूल गया और सुख की गोद में पलकें मूँदकर बात-की-बात में सो गया। मैंने उसे फिर उसकी जगह पर सावधानी से सुला दिया।

अब धीरे-धीरे जाड़ा पड़ने लगी थी। मेरे मित्र श्रीयुत नैथाणी ने कहा–"एक रोज़ पगली का बच्चा गिर गया था, आपने गोद में उठा लिया था। दीवान साहब तब जग रहे थे, मुझे भी देखने को जगा दिया।" मैं चुप रहा। मन में कहा–'यह कोई बड़ी बात तो थी नहीं, बुद्ध एक बकरे के लिए जान दे रहे थे। जब हममें बड़ी-बड़ी बातें पैदा होंगी, तब हम इन बातों की छुटाई समझेंगे। आज तो तरीक़ा उल्टा है। जिसकी पूजा होनी चाहिए, वह नहीं पुजता; जो कुछ पूजता है, वही अधिक पुजने लगता है!'

जाड़ा ज़ोरों का पड़ने लगा। एक रोज़ रात बारह बजे के क़रीब रास्ते में पिल्ले की-सी कूँ-कूँ सुनायी पड़ी। मैं एक कहानी समाप्त करके सोने का उपक्रम कर रहा था। होटल में और सब लोग सो चुके थे। मैं नीचे रास्ते के सामने वाले कमरे में रहता था। होटल का दरवाज़ा बन्द हो चुका था। पर मैं अपना दरवाज़ा खोलकर बाहर गया। देखता हूँ, एक पाया हुआ मामूली काला कम्बल ओढ़े बच्चे को लिये पगली फुटपाथ पर पड़ी है। जब उसे दुनिया का, अपने अस्तित्व का ज्ञान होता है, तब हाड़ तक छिद जाने वाले जाड़े से काँपकर वह ऐसे करुण स्वर से रोती है। ज़मीन पर एक फटी-पुरानी ओस से भीगी कथरी बिछी, ऊपर पतला कम्बल। ईश्वर

ने मुझे केवल देखने के लिए पैदा किया है। मेरे पास जो ओढ़ना है, वह मेरे लिए भी ऐसा नहीं कि खुली जगह सो सकूँ। पुराने कपड़े होटल के नौकर माँग लेते हैं—मथुरा मेरा कुर्ता जो उसके अचकन की तरह होता है, बाहें काटकर रात को पहनकर सोता है, संगम मेरी धोती से अपनी धोती साँटकर ओढ़ता है, महाराज ने राखी बाँधकर कम्बल माँगा था, अभी तक मैं नहीं दे सका। मैं सोचने लगा, यह कम्बल पगली को किसने दिया होगा? याद आया सामने के धनी बंगाली-घराने की महिलाएँ बड़ी दयालु हैं, कभी-कभी पगली को धोती और उसके लड़के को अंग्रेजी फ्राक पहना देती थीं—उन्हीं ने दिया होगा। ऐसे ही विचार में मेरी आँख लग गयी।

होटल के मालिक से नाराज़ होकर, गुट्ट बाँधकर एक रोज़ बारह-तेरह बोर्डर निकल गये। सब विद्यार्थी थे। मुझे जानते थे। कुछ कैनिंग कॉलेज के थे, कुछ क्रिश्चियन कॉलेज के। मुझसे उनके प्रमुख दो लॉ-क्लास के विद्यार्थियों ने आकर कहा—"जनाब ऐसा तो हो नहीं सकता कि हम उस महीने का ख़र्च यहाँ देकर, वहाँ पेशगी फिर एक महीने का ख़र्च दें—धीरे-धीरे प्रोप्राइटर को रुपये देंगे, हमारे पास घर से ख़र्च तो एक महीने का आता है, अब वहाँ जाकर लिखेंगे, ख़र्च आयेगा, तब देंगे। होटल छोड़ने के लिए कई बार हम लोगों से मैनेजर कह चुके हैं। बीच में छोड़ दिया, तो हम कहीं के न हुए। इम्तहान सिर पर है। हमने पहले से अपना इंतज़ाम कर लिया।" मुझे ख़याल आया अब पगली की रोटियाँ भी गयीं। यह अब चल भी नहीं सकती कि दूसरी जगह से माँग लाये। विद्यार्थी मन में सोचते हुए गये (अब मालूम हो रहा है) कि जैसा सड़ा खाना खिलाया है, दामों के लिए वैसे ही सड़क पर चक्कर खिलवायेंगे।

उनके जाने से होटल सूना हो गया। निश्चय हुआ कि इस महीने के बाद बन्द कर दिया जायेगा। संगम मेरे पास उस जाड़े में दी हुई एक बनियानी पहने हुए मुट्ठियाँ दोनों बग़लों में दबाये संसार का एक्स (x) बना

हुआ सुबह-सुबह आकर बोला–"बाबू जी, मेरी दो महीने की तनख़्वाह बाक़ी है, आप दस रुपया काटकर मैनेजर साहब को बिल चुकाइयेगा।" मैंने उसे धैर्य दिया। दस रुपये की कल्पना से खुलकर हँसता हुआ बड़े मित्र-भाव से संगम मुझे देखने लगा। मैंने देखा, हँसते वक़्त उसका मुँह नवयुवतियों की आँखों को मात कर कानों तक फैल गया है।

दो-तीन दिन बाद एक मकान किराये पर लेकर मैनेजर को अपना बेयरर चेक दस्तख़त करके देने से पहले मैंने कहा–"आपको चेक दिलवाने के लिए गंगापुस्तकालय जाता हूँ, चेक में दस रुपये कम होंगे, संगम की दो महीने की तनख़्वाह बाक़ी है? उसने कहा है–"मेरे रुपये रोककर होटल को रुपये दीजियेगा।" मैनेजर यानी प्रोप्राइटर साहब ने संगम को बुलाया। कहा–"क्यों रे, तू हमें बेईमान समझता है?" संगम सिटपिटा गया, मारे डर के उसकी ज़बान बन्द हो गयी। मैनेजर साहब उसे घूरकर मेरी ओर देखकर बोले–"आप मुझे ही दीजियेगा, नौकरों की इस तरह आदत बिगड़ जायेगी।" मैं सतहत्तर रुपये का चेक मैनेजर साहब को देकर किराये के दूसरे मकान में चला आया। मेरे साथ मेरे मित्र कुँवर साहब भी आये।

एक रोज़ पगली का हाल सुनकर उनके मामा साहब एक नफ़ीस बारीक कम्बल पगली को देने के लिए दे गये। मैंने कुँवर साहब से कहा–"रजाई ठीक थी, इससे क़ीमत में भी ज़्यादा नहीं होगी, और पगली का जाड़ा भी छूट जायेगा।" कुँवर साहब अपनी रजाई देने के लिए देकर बड़े दिन की छुट्टियों में घर गये। मैं रजाई लेकर पगली को ओढ़ा आया। दो-तीन दिन बाद मेरे मित्र श्रीयुत नैथाणी मिले, कहा–"पगली अस्पताल भेज दी गयी। डॉक्टर का कहना है, उसे डबल निमोनिया हो गया है, बचेगी नहीं। उसका बच्चा श्रीदयानन्द अनाथालय भेज दिया गया है। पगली बच्चे को छोड़ती न थी। पगली को ले जाने वाले इक्के की बग़ल से निकलती

हुई मोटर के धक्के से एक स्वयंसेवक के पैर में सख़्त चोट आ गयी है, इसी ने सबसे पहले गन्दगी से न डरकर पगली को उठाया था।"

एक रोज़ सुबह उसी तरह बग़ल में मुट्ठी दबाये हुए संगम ने आकर कहा– "बाबू आपका चेक भुनाकर मैनेजर साहब भाग गये हैं।"

"नहीं, संगम" मैंने समझाया–"मैनेजर साहब बड़े अच्छे आदमी हैं। घर रुपये लेने गये हैं। उन्हें कई सौ रुपये देने हैं–लकड़ी, घी, आटा, दूध और किराये के। लौटकर रुपये दे देंगे।" संगम वैसा ही फिर हँसा।

स्वामी सारदानन्द महाराज और मैं

उन दिनों 1921 ई. थी। एक साधारण-से विवाद पर विशद महिषादल-राज्य की नौकरी नामंजूर-इस्तीफ़े पर भी छोड़कर मैं देहात में अपने घर रहता था। कभी-कभी आचार्य पं महावीरप्रसाद जी द्विवेदी के दर्शनों के लिए जूही, कानपुर जाया करता था। इसमें पहले भी, जब 1919 में हिन्दी और बंग्ला के व्याकरण पर लिखा हुआ मेरा लेख शुद्ध कर, 'सरस्वती' में छापकर 1920 में उन्होंने साहित्य-सेवा से अवसर ग्रहण किया, दौलतपुर में उनके दर्शन कर चुका था। साहित्य में द्विवेदी जी का गुरुत्व मैं उन्हीं के गुरुत्व के कारण मानता था (मानता भी हूँ), अपने किसी अर्थ-निष्कर्ष या स्वार्थ-लघुत्व के लिए नहीं। पर इष्ट तो निर्भर भक्त की भक्ति की ओर देखता ही है—द्विवेदी जी भी मेरी स्वतन्त्रता से पैदा हुई आर्थिक परतन्त्रता पर विचार करने लगे। आज ही की तरह उन दिनों भी हिन्दी की मस्जिदों पर मुरीद द्विवेदी जी की नमाज पढ़ते थे, लिहाज़ा उनकी कोशिश—मैं किसी अख़बार के दफ़तर में जगह पा जाऊँ—कारगर हुई। दो पत्र उन्होंने अपनी आज्ञा से चिह्नित कर गाँव के पते पर मेरे पास भेज दिये, एक काशी के प्रसिद्ध रईस राजनीतिक नेता का था, एक कानपुर ही का। काशी वाले में आने-जाने का ख़र्च देने के विवरण के साथ योग्यता की जाँच के बाद जगह देने की बात थी, कानपुर वाले में लिखा था—'इस समय एक जगह पच्चीस रुपये की है, अगर वह चाहें, तो आ जायें।'

मालूम हो कि यह सब उदारता पूज्य द्विवेदी जी अपनी तरफ़ से स्नेहवश कर रहे थे। अवश्य मेरे पास शिक्षा का जो प्रमाण-पत्र इस समय तक है, उस योग्यता की पूरी-पूरी रक्षा जगह देने वालों ने की थी, तथापि सिपहगरी के समतल क्षेत्र से सुबेदारी तक के सुस्तर उन्नति-क्रम पर अविचल श्रद्धा न मुझे पहले थी, न अब ही है। फलतः उन पत्रों ही को मेरी अशिक्षा के कारण स्थान-प्राप्ति हुई, मेरी जेब में प्रमाण के तौर पर अपने सुलेखकों के पास वापस जाने का सौभाग्य उन्हें न मिला। मेरे अन्दर मर्यादा का ज्ञान अत्यन्त प्रबल है, इनकी जानकारी पूज्य द्विवेदी जी को स्वतः उत्तरदायी पद दिलाने की ओर फेरने लगी। पर द्विवेदी जी करते भी क्या, प्रमाण जो न था। जो कुछ भी साहित्य-सेवा की प्रबल प्रेरणा से मैं लिखता था, वह एक ही सप्ताह के अन्दर संपादक महोदय की अस्वीकृति के साथ मुझे पुनः प्राप्त हो जाता था। केवल दो लेख और शायद दो कविताएँ तब तक छप पायी थीं, सो भी जब हिन्दी के छन्दों में बड़ी रगड़ की और लेखों में कलम की पूरी ऊँची आवाज़ से हिन्दी की प्रशंसा। अस्तु, इन्हीं दिनों स्वामी माधवानन्द जी, प्रेसिडेण्ट, अद्वैत आश्रम (रामकृष्ण-मिशन), मायावती, अल्मोड़ा, हिन्दी में एक पत्र निकालने के विचार से पत्रों में विज्ञापन करते हुए संपादक की तलाश में द्विवेदी जी के पास जूही आये। उस समय मेरी एक कविता, वह 'परिमल' में 'अध्यात्म-फल' के नाम से छपी है, 'प्रभा' में प्रकाशित हुई थी। उतने ही प्रत्यक्ष आधार पर आचार्य द्विवेदी जी, स्वामी जी के पत्र के लिए मेरी योग्यता की सिफ़ारिश कर चले। उनकी तकलीफ़ आप समझ सकते हैं। स्वामी जी ने मेरा पता नोट कर लिया, और मुझे एक चिट्ठी योग्यता के प्रमाण-पत्र भेजने की आज्ञा देते हुए लिखी। बंगाल में रहकर परमहंस श्रीरामकृष्ण देव तथा स्वामी विवेकानन्द जी के साहित्य से मैं परिचय प्राप्त कर चुका था, दो-एक बार श्रीरामकृष्ण मिशन, बेलूड़, दरिद्र नारायणों की सेवा के लिए भी जा चुका था, श्रीपरमहंसदेव के शिष्य श्रेष्ठ पूज्यपाद स्वामी प्रेमानन्द जी महाराज को महिषादल में अपना तुलसीकृत रामायण का सस्वर पाठ सुनाकर उनका

अनुपम स्नेह तथा आशीर्वाद प्राप्त कर चुका था, स्वामी माधवानन्द जी को पत्रोत्तर में अपनी इसी योग्यता के हृष्ट-पुष्ट प्रमाण दिये। स्वामी जी का वह पत्र अंग्रेजी में था और मेरा उत्तर बंगला में। कुछ दिनों बाद द्विवेदी जी के दर्शनों के लिए फिर गया तो मालूम हुआ कलकत्ता में सुयोग्य साहित्यिक स्वामी जी को संपादन के लिए स्वयं प्राप्त हो गये हैं। घर लौटने पर उनका एक पत्र मुझे भी बंग्ला में लिखा हुआ मिला कि 'धैर्य धारण करो, प्रभु की इच्छा होगी, तो आगे देखा जायेगा।'

इसी समय महिषादल-राज्य से मुझे तार मिला कि जल्द चले आओ। मैंने सोचा, जब नामंजूर-इस्तीफ़े पर हठवश चले आने का दोष ही हटा दिया गया, तो अब जाने में दुविधा क्यों करूँ? मैं महिषादल गया। पर राजा, जोगी अग्नि, जल की उल्टी रीतिकी याद न रही। यहाँ 'समन्वय' के सार्थक नाम से एक सुन्दर पत्र प्रकाशित हुआ। मेरे पास भी वह लेख के तक़ाज़े के साथ गया। मैंने उसमें 'युगावतार भगवान श्रीरामकृष्ण' ऐसा एक लेख लिखा। जब वह प्रकाशित हुआ, तब मैंने द्विवेदी जी की राय माँगी। उन्होंने उस लेख को पढ़कर बधाई दी। मैं मौलिक लेख लिख सकता हूँ, आचार्य द्विवेदी जी के इस आशीर्वाद का सदुपयोग मैं अपने ही भीतर तब से अब तक करता जा रहा हूँ। कई और भी मेरे साहित्यिक पूज्यपादों ने इस लेख की विचारणा और भाषा-शैली के लिए मुझे प्रोत्साहन दिया। 'समन्वय' को एक बड़ी अड़चन पड़ी और यह हिन्दी और बंग्ला बोलने वालों में, मेरे विचार से, शायद अभी बहुत दिनों तक रहेगी। इधर मेरे सामने भी राजा वाली उल्टी रीति पेश हुई। इसी समय 'समन्वय' के मैनेजर स्वामी आत्मबोधानन्द जी ने मुझे लिखा कि 'बंगालियों के भावों को समझने के लिए यहाँ ऐसा आदमी चाहिए, जो बंग्ला जानता हो। हमें अड़चन पड़ती है, तुम चले आओ।' मैंने जाकर देखा 'समन्वय' के आठ ही महीने में दो संपादक बदल चुके थे। संपादक की जगह नाम स्वामी माधवानन्द जी का छपता था, वह हिन्दी भी बहुत अच्छी जानते हैं, काम तथा हिन्दी की विशेषता की रक्षा के लिए 'समन्वय' में एक हिन्दी-भाषी संपादक

रहता था। इस तरह मैं 'समन्वय' में जाकर स्वामी जी महाराज के साथ 'उद्‌बोधन' कार्यालय, बाग़बाज़ार में रहने लगा। यहीं पहले-पहल आचार्य स्वामी सारदानन्द जी महाराज के दर्शन किये। यह 1922 ई. की बात है।

स्वामी सारदानन्द जी इतने स्थूल थे कि उन्हें देखकर डर लगता था। यद्यपि डर वाली बात मेरे पास बहुत पहले ही से कम थी, भूतों से साक्षात्कार करने के लिए रात-रात-भर श्मशानों की सैर करता रहा था और आधी रात को घर से निकलकर पैदल आठ-नौ कोस ज़मीन चलकर सुबह आचार्य द्विवेदी जी के दर्शन किये थे, फिर भी स्वामी सारदानन्द जी की ओर बहुत दिनों तक मैं देख नहीं सका। पर मैं आँखें झुकाकर, प्रणाम कर उनकी सभा में कभी-कभी बैठ जाता था, बातचीत सुनने के लिए। किसी दर्शन या धर्मग्रन्थ का पाठ होने पर उठकर चला आता था, क्योंकि दार्शनिकता की मात्रा यों भी दिमाग़ में बहुत ज़्यादा थी, जी घबरा उठता था। स्वामी जी की वार्तालाप-सभा में महीनों मैंने संयम रखा, कुछ बोलकर बेवक़ूफ़ न बनूँगा, सिद्धान्त कर लिया था। बाहर के आये हुए विद्वानों को देखता भी था, अण्ट-सण्ट बकते जा रहे हैं, न सिर, न पूँछ, उनकी आवाज़ की किरकिराहट अर्थ से पहले अनर्थ व्यंजित करती थी! स्वामी जी मेरी 'यावत्किंचिन्नभाषते' नीति पर प्रसन्न होकर मुस्कराते थे। एक रोज़ धैर्य जाता रहा। मैंने पूछा-"यह संसार मुझमें है या मैं इस संसार में हूँ।" उन्होंने बड़े स्नेह से कहा-"इस तरह नहीं।"

हमारे यहाँ की जैसी संस्कृति थी, मैं बचपन से सन्तों की सूक्तियों पर भक्ति करता हुआ विशेष रूप से ईश्वरानुरक्त हो चला था। इसलिए सो जाने पर देवताओं के स्वप्न बहुत देखता था। जो देव जाग्रत अवस्था में कभी नहीं बोले, मैं ही बातचीत करता थकता, वे सो जाने पर दम न भरते थे। इसे धर्म-ग्रन्थों में शुभ लक्षण कहा है। पर मेरे लिए यह उत्तरोत्तर अशुभ हो चला। क्योंकि बराबर यह प्रश्न जारी रहा कि मूर्तियाँ जाग्रत अवस्था

में क्यों नहीं बोलतीं? रात की अनिद्रा और दिन की उधेड़बुन के शुभ लक्षण सहज ही अनुमेय हैं। क्रमशः दार्शनिकता प्रबल हो चली। धीरे-धीरे देवताओं के कथोपकथन के फलस्वरूप घोर नास्तिक, शंकितचित्र हो गया। जब 'समन्वय' के संपादन के लिए गया था, तब यही दशा थी। आस्तिकता पहले के उपार्जित संस्कार या धूप-छाँह की सार्थकता की तरह आती थी। एक दिन मैंने स्वामी जी से कहा–"सो जाने पर मेरे साथ देवता बातचीत करते हैं।" वह सस्नेह हँसकर बोले–"बाबूराम महाराज से भी करते थे।" (स्वामी प्रेमानन्द जी का पहला नाम श्रीबाबूराम था। इनका जिक्र मैं कर चुका हूँ कि श्रीरामकृष्ण के शिष्यों में पहले इन्हीं के दर्शन मैंने महिषादल में किये थे)। इस प्रसंग के कुछ ही दिनों में मैं अपने एक बंगाली मित्र के बिस्तरे पर सो रहा था, दोपहर को सोने का मुझे अब भी अभ्यास है, देखता हूँ कि स्वामी सारदानन्द जी महाध्यान में मग्न हैं, ईश्वरीय विभूति से युक्त ऐसी मूर्ति मैंने आज तक नहीं देखी–कमलासन बैठे हुए, ऊर्ध्वबाहु, मुद्रितनेत्र, मुख-मण्डल पर महानन्द की दिव्य ज्योति, जो कुछ है, सब ऊपर उठा जा रहा है, इसी समय उनके सेवक एक संन्यासी महाराज उन्हें खिलाने के लिए रसगुल्ले ले गये, उसी ध्यानावस्थित अवस्था में स्वामी जी ने मेरी ओर इशारा किया। सेवक महाराज ने लौटकर मुझे रसगुल्लों का कटोरा दे दिया। मैं गया और एक रसगुल्ला खिलाकर लौट आया। कटोरा सेवक संन्यासी महाराज को दे दिया।

बस, आँख खुल गयी। मेरा मस्तिष्क हिम-शीकरों-सा स्निग्ध हो गया। उसमें महाज्ञान का कितना बड़ा प्रत्यक्ष प्रमाण मैंने देखा है, मैं क्या कहूँ।

पर मेरी विरोधी शक्ति बराबर प्रबल रही। तीव्र तीक्ष्ण दार्शनिक वज्र-प्रहारों से बराबर मैं मन से उनका अस्तित्व मिटाता रहा, मिटा देता था, तभी काम कर सकता था, पर वह काम-जो घर के लिए, संसार के लिए बंधनों से मुक्त होने वाला सामाजिक और साहित्यिक उत्तरदायित्व

लिये हुए था। पर आकाश से सीमावकाश में आकर भी मैं आकाश में ही रहता हूँ, ज्यों-ज्यों लड़ता गया–जुदा होता गया, वह भाव प्रबल होता रहा। जीवन्मुक्त महापुरुष क्या है, मैं अब और अच्छी तरह समझने लगा। मैं प्रहार करता हुआ जब थक जाता था, तब मेरे मनस्तत्व के सत्य-स्वरूप स्वामी सारदानन्द जी मुझे रंगीन छाया की तरह ढँक कर हँसते हुए तर कर देते थे। इन महादार्शनिक महाकवि, स्वयंभू, मनस्वी, चिरब्रह्मचारी, संन्यासी, महापण्डित, सर्वस्वत्यागी, साक्षात् महावीर के समक्ष देवत्व, इन्द्रत्व और मुक्ति भी तुच्छ है। मैंने भी देश तथा प्रदेशों के बड़े-बड़े कवियों, दार्शनिकों, पण्डितों तथा पुरुषों के साथ एक सर्वश्रेष्ठ उपाधि से भूषित किये हुए अनेकानेक लोगों को देखा है, पर वाह रे संसार, सत्य की कितनी खरी जाँच तूने की–महाविद्या और महापुरुष-चरित्रों का कितने पोच मस्तिष्कों में तूने पता लगाया। मैं ब्राह्मण था, किसी मनुष्य को सिर नहीं झुकाया, मेरे चरित्र का पूरा अध्ययन कीजियेगा, चरित्र और ज्ञान जीवन और, परिसमाप्ति में जो 'एजति न एजति' को सार्थक करने वाले ब्रह्म थे, उन्होंने अपनी पूर्णता देकर मेरी स्वल्पता ले ली। अब दोनों भाव उन्हीं के हैं, एक से वह लड़ते हैं, दूसरे से बचते हैं–यही मेरा इस समय का जीवन है।

स्वामी सारदानन्द जी के जिन सेवक संन्यासी के हाथ से कटोरा लेकर स्वप्न में मैंने स्वामी को रसगुल्ला खिलाया था, उन्होंने मुझसे एक रोज़ एकाएक कहा–"तुम मन्त्र नहीं लोगे? जाओ।" मैंने सोचा–'यहाँ महाप्रसाद की तरह मन्त्र भी बँटता होगा, लेने में हर्ज क्या है?' मुझे बड़े को गुरु मानने में आपत्ति कभी नहीं रही, रहा सिर्फ़ गुरुडम के ख़िलाफ़, फिर मन्त्र लेने से कुछ मिलता ही है, जहाँ मिलने वाली रचना हो, वहाँ पैर न बढ़ाये, वह ब्राह्मण का कोई बेवक़ूफ़ लड़का ही होगा। मैं सपाटा-चाल सीढ़ी तय करके स्वामी जी के कमरे में पहुँचा और बैठ गया। उन्होंने पूछा–"क्या है?" मैंने कहा–"मन्त्र लेने आया हूँ।" मेरे स्वर में न जाने क्या था।

मुझे तन्त्र-मन्त्र पर बिलकुल विश्वास न था। स्वामी जी प्रसन्न गम्भीरता से बोले-"अच्छा, फिर कभी आना।"

मैंने मन में कहा-'अब इञ्जानिब नहीं जाने के। कई रोज़ हो गये नहीं गया। वहाँ कभी-कभी माँ के कमरे में (श्रीपरमहंसदेव की धर्मपत्नी श्रीसारदामणि देवी, तब माँ देह छोड़ चुकी थीं) तुलसीकृत रामायण पढ़ता था। पहले दिन पढ़ी थी, तब स्वामी सारदानन्द जी ने प्रसाद के दो रसगुल्ले दिलाये थे। सबको एक रसगुल्ला मिलता है। केवल शंकर महाराज (स्वामी सारदानन्द जी के बड़े गुरुभाई, श्रीरामकृष्णमिशन के प्रथम प्रेसीडेंट, पूज्यपाद स्वामी ब्रह्मानन्द जी के प्रिय शिष्य) को दो रसगुल्ले पाते हुए बाद को मैंने देखा था, पर उन्होंने एक रसगुल्ला मुझे दे दिया था। एक बार माँ को प्रणाम कर, प्रसाद लेकर मैं स्वामी सारदानन्द जी महाराज के ज़ीने की तरफ़ से उतरने के लिए जा रहा था, प्रसाद मेरे हाथ में था, मन बड़ा प्रफुल्ल, फूल-सा खिला हुआ, हल्का, गोस्वामी तुलसीदास जी की भारतीय संस्कृति मन को ढँके हुए। स्वामी जी आ रहे थे, मुझे भावावेश में देखकर, रास्ता छोड़कर एक तरफ़ हट गये, मुझे होश था ही, मैं भी हटकर खड़ा हो गया कि यह चले जायें, तो जाऊँ। स्वामी जी ने पूछा-"यह प्रसाद किसके लिए ले जा रहे हो?" (स्वामी जी से मेरी बंगला में बातचीत होती थी) मैंने कहा-"अपने लिए।" उन्होंने कहा-"अच्छा, खाकर आओ।" चटपट प्रसाद खाकर मैं ऊपर गया, स्वामी जी अपने कमरे के सामने उसी रास्ते पर खड़े थे। मुझे देखकर बड़े स्नेह से पूछा-"उस रोज़ तुम क्या कहने वाले थे?" मैंने कहा-"मुझे तन्त्र-मन्त्र पर विश्वास नहीं।" उन्होंने पूछा-"तुम गुरुमुख हो?" मैंने कहा-"हाँ, पर तब मैं नौ साल का था!" उन्होंने कहा-"हम लोग तो श्रीरामकृष्ण को ही ईश मानते हैं।" मैंने कहा-"ऐसा तो मैं भी मानता हूँ।" उत्तर की मैंने कभी देर नहीं की, वह ठीक हो या ग़लत। पहले क्या कह गया हूँ, फिर क्या कह रहा हूँ, इसकी तरफ ध्यान देने वाले सच्चा वक़्ता, लेखक, कवि या दार्शनिक नहीं-वह कला की मुक्ति में गण्य नहीं, कलाकारों के ऐसे कथन का मैं

सजीव उदाहरण था। स्वामी जी के भारतीय कान ऐसे न थे, जो अंग्रेजी बाजे के विवादों से भड़ककर उसे संगीत स्वीकार ही न करते। वह भावस्थ गुरुत्व से मेरे सामने आये। मुझे ऐसा जान पड़ा, एक ठंडी छाँह में मैं डूबता जा रहा हूँ। फिर मेरे गले में अपनी उँगली से एक बीजमन्त्र लिखने लगे। मैंने मन को गले के पास ले जाकर क्या लिख रहे हैं, पढ़ने की बड़ी चेष्टा की, पर कुछ मेरी समझ में न आया।

परोक्ष रीति से ध्यान-धारणा के लिए स्वामी जी मुझे कभी-कभी याद दिला देते थे, पर मुझे यह धुन थी कि अब देखना है, गले वाला मन्त्र क्या गुल खिलाता है। पूजा-पाठ जो कुछ कभी-कभी करता था, वह भी बन्द कर दिया। मुझे कुछ ही दिनों में जान पड़ने लगा, मेरा निचला हिस्सा ऊपर और ऊपर वाला नीचे हो गया है, और रामकृष्ण मिशन के साधु खींच रहे हैं। अजीब घबराहट हुई। मैंने सोचा इन साधुओं ने मुझ पर वशीकरण किया। तब 'समन्वय' के कार्यकर्ता 'उद्‌बोधन' छोड़कर 'मतवाला' ऑफ़िस में (तब 'मतवाला' न निकलता था, बालकृष्ण प्रेस था, मालिक 'मतवाला' के संपादक बाबू महादेवप्रसाद जी सेठ थे) किराये के कमरों में रहते थे। मैं भी उनके साथ अलग कमरे में रहता था। महादेव बाबू से मैंने कहा–"ये साधु लोग मुझे जादूगर जान पड़ते हैं।" महादेव बाबू गम्भीर होकर बोले–"यह आपका भ्रम है।" मैंने कुछ न कहा, पर मुझे भ्रम होता तो विश्वास भी होता। एक रोज़ ऐसा हुआ कि उन्हीं साधुओं में से एक की मेरे पास आकर यही हालत हुई। यह दर्शन-शास्त्र के एम.ए. हैं। आजकल अमेरिका में प्रचार कर रहे हैं। जब खींझने लगे, तो बोले–"पण्डित जी, क्या आप वशीकरण जानते हैं?" मैंने मन में कहा, 'हूँ!' खुलकर बोला–"मैं मारण, मोहन, वशीकरण उच्चाटन सबमें सिद्ध हूँ।"

इसके बाद एक दिन स्वप्न देखा–ज्योतिर्मय समुद्र है, श्यामा की बाँह पर मेरा मस्तक, मैं लहरों में हिल रहा हूँ।

फिर इतने चमत्कार इधर दस वर्षों में देखे कि अब बड़े-बड़े कवियों तथा दार्शनिकों की चमत्कारोक्तियाँ पढ़कर हँसी आती है। वह मन्त्र भी तीन साल हुए, आग-सा चमकता हुआ कुछ दिनों तक सामने आया, उसे मैंने पढ़ लिया है।

सफलता

जो हवा दीये के जलते रहने की वजह है, वह दीये को बुझा भी देती है। आभा के सस्नेह अकलुष प्राणों के पावन प्रदीप को पति की जिस निश्चल समीर ने साल-भर तक जला रखा था, वह साल-भर से उसे बुझाकर, उसकी पृथ्वी से दूर, अन्तरिक्ष की ओर तिरोहित हो गयी है। साल-भर ही में सुहाग का काजल उस दीपक-प्रकाश के ऊपर, रत्नार आँखों में प्रिय-दर्शन के अंजन-रूप नहीं रह गया। आभा आज की शरद की तरह अपनी सारी रंगीनियों को धोकर शुभ्र हो रही है—श्वेत शेफाली-सी रंगे प्रभात के रश्मि-पात-मात्र से वृंतच्युत—जैसे केवल देवार्चन के लिए चुनी हुई। पर, प्राणों के नीचे, डण्ठल में, जो रंग लाया हुआ है, वह तो शरद का नहीं—वसन्त का है। उसी के ऊपर वसन्त के बाद वाले महीनों के ये दल जैसे शरद की आभा से शुभ्र हो रहे हैं। लालसा-चपल क्या कोई उस पूर्ण विकसित स्खलित शेफालिकाराशि को केसरिये सुगन्ध रंग से अपनी वसन्त की पाग रंगने के लिए वृक्ष के नीचे से चुपचाप चुन ले जायेगा? हाय, यह वह सत्य शेफालिका तो नहीं! यह तो केवल देव-चरणों पर चढ़ने के लिए है—माला होकर हृदय पर या रंग बनकर आँखों पर चढ़ने के लिए नहीं। तभी आभा गाँव के किनारे धुले धवल शिवालय में देवता-पदों पर प्रत्यह पुष्पस्वरूप अर्पित होने के लिए जाती है। उसके भीतर हृदय का

दीप तो गुल हो चुका है? पर, बाहर अन्ध मन्दिर–हृदय का दीप वह जला आती है।

यशस्वी साहित्यिक नरेन्द्र ने उधर से जाते हुए, दीपक जलाकर देवता को प्रणाम करते समय कई बार आभा का दिव्य मुख और विशाल आँखों की सकरुण दृष्टि देखी। कई शुभ सान्ध्य क्षण उसे कारुण्य से ओतप्रोत कर चुके–उसके हृदय में सहानुभूति का तैल संचित हुआ; वेदना की वर्तिका में समाज की कुप्रथा की आग–उसके हृदय का दीप जला।

यह प्रकाश कई बार रास्ते में, मन्दिर की सीढ़ियों पर, आभा के म्लान मुख पर पड़ा, प्रतिफलित हुआ। आभा के अन्तःपुर की रूपसी ने अन्तःपुर में उसे उतने ही निकट संबंध से पहचाना, जितने दूर व्यवहार से आभा धारा से दूर हो गयी थी।

हाय रे जीवन! कितने आवर्तों से तू प्रवाहित होता है। जिन कारणों से आभा पृथ्वी से छुटी थी, वे ही उसे नरेन्द्र के साथ लपेटने लगे। मन से वह नरेन्द्र की दृष्टि की तरह उसके नज़दीक हो गयी। वह आज एकान्त में नरेन्द्र से पूछना चाहती है–इस संसार–दुःख से मुक्ति पाने का कौन–सा मार्ग है। वह विद्वान होकर उसे वंचित न करेगा–न, वह धोखा नहीं दे सकता–उसकी आँखें इसका विशद साक्ष्य देती हैं, फिर वह भी तो उसी की तरह विधुर है–जानता है व्यर्थ स्नेह कितना दुःखद, कितना कठोर है। होगा कि स्त्री न होने के कारण वह इतना दुःख, इतना अपमान न पा रहा हो; पर स्त्री न होने के कारण कभी उसने कल्पना तो की होगी कि उसके न रहने पर उसकी स्त्री को क्या होगा। आभा का हृदय भर आया।

पर, आज–आज करके कई आज पार कर चुकी। नरेन्द्र आज मिला। वह सोपान–सोपान उतर रही थी, नरेन्द्र चढ़ रहा था। बहुत कुछ कहना चाहा था, पर कुछ भी न कह सकी। कितना हृदय धड़का। चुपचाप खड़ी रही। नरेन्द्र ऊपर चला गया।

नरेन्द्र बीसवीं सदी का मनुष्य है। वह न कर सके, ऐसा कोई काम नहीं, ऐसा कुछ किया भी नहीं। वह तन के धर्म और अधर्म को पार कर दूर निकल गया है, पर मन में धर्म से श्रद्धा और अधर्म से घृणा करता है। वह भौंरे की तरह खुली कली पर नहीं बैठा, पर भौंरे की तरह कलियों का यश बहुत गा चुका है, उनके चारों ओर बहुत मँडराया। उसकी कल्पना में आभा इतने रंग भर चुकी है, जितने किरण भरती है—फूलों में, पहाड़ पर, बादलों में, दिशाकाश में, तरह-तरह के सुघर विचारों में। पर आभा को वरण करने की कोई शहज़ोरी भी उसमें पैदा हुई, ऐसा लक्षण नहीं दिख पड़ा। सोचा ज़रूर, पर उठे सिर का झुक जाना देखा और डरा।

त्यों-त्यों आभा दृढ़ होती गयी। उसकी धड़कन जाती रही। चुपचाप स्नेह का एक लेख नरेन्द्र के स्मरण-मात्र से लगने लगा। लाज फिर भी रही। एक रोज़ उसी तरह एकान्त मिला। कण्ठ की देवी कण्ठ में निर्भय बैठी रहीं। शब्द जैसे आप बनकर, तुले हुए निकले—"मुझे संसार में बड़ा दुःख है।"

"दुःख को देवता समझो।" नरेन्द्र ने जैसे लेख की एक पंक्ति लिखी।

आभा का सारा दुःख जैसे एक साथ वाष्प बन गया—उस महाशक्ति का धड़का हुआ—"अर्थात राक्षस को देवता मानूँ?"

नरेन्द्र काँप उठा। क्यों डरा, न समझा। आभा ने फिर कहा—"केवल दुःख नहीं सहा जाता। रोज़ का अपमान भार हो जाता है।"

धड़कन के बाद भाव स्पष्ट हुआ। नरेन्द्र ने सोचा, यह भागना चाहती है। कृत्रिम गले से बोला—"धैर्य रखो!"

एक बार आभा ने अच्छी तरह नरेन्द्र को देखा। खुलकर बोली—"आपको लोग बहुत बड़ा विद्वान कहते हैं—पर मैं क्या समझूँ, पर बड़े भी छोटों को नहीं समझ पाते।"

नरेन्द्र ने फिर कहा—"धैर्य रखें।"

सिर झुकाकर आभा ने उत्तर दिया—"अच्छा।"

आभा की इच्छा निकल जाने की न थी, न किसी विषय-वासना से वह खिंची थी। नरेन्द्र की तरफ़ उसके भाव ने उसे खींचा, और स्त्रियों की अवहेलना अवज्ञा, जीती हुई एक प्रतिमा को मृत प्रेम से भी भयंकर—इतर पशु से भी तुच्छ समझने वाली धारणा और व्यवहार ने उसे धकेला था। वह विद्वान आचार्य से शिष्या की तरह मुक्ति की शिक्षा लेने गयी थी, बस। हृदय में जो भाव नरेन्द्र की प्रीति वाले, कुछ काल के लिए उसे एक आवेश में भुला रखते थे, वे इतने पूर्ण थे कि उनसे अधिक की कामना वह कहकर नहीं कर सकती थी, करना सीखा भी न था। मुक्ति का पथ परिष्कृत होने पर वह हृदय की तुला पर तोलकर अवश्य देखती कि वह कितना प्रशस्त और कितना पवित्र है, तब आगे पैर बढ़ाती तो बढ़ाती। यदि विद्वान की बतलायी राह में उसे वैसा ही लांछन और अपमान दिखायी पड़ता, जैसा वह घर में देख रही थी, तो घर और बाहर, दोनों के रास्तों को पार कर जाने का गौरव प्राप्त करती। विद्वान नरेन्द्र—सहृदय नरेन्द्र की 'धैर्य रखो' यह उक्ति उस दुःख के प्रवाह में हृदय से लगा रखने के लिए एक उतराती कुछ भार सँभालने वाली हुई। धैर्य रखकर भविष्य में सत्य-निर्देश पाने की कल्पना लिये वह घर जाकर चुपचाप पहले के अपमान सहने लगी।

इधर नरेन्द्र ने सोचा, वह उसके साथ निकल जाने को एक पैर से तैयार थी। नरेन्द्र को बड़ी घृणा हुई। कुछ आत्मप्रसाद भी हुआ कि उसकी धैर्य रखने की सलाह उसे मंजूर हुई। नरेन्द्र गाँव में रह रहा था, अधिक दिनों तक रहने की गुंजाइश न थी; कारण, वृत्ति लिखायी थी, जो घर बैठे मनिऑर्डर द्वारा काम आती थी; शहर में रहकर आर्डर पूरे करने पड़ते थे; तब पेट-भर को कहीं होता। पेट भी दो-चार नहीं, सिर्फ़ एक। नरेन्द्र को इस दुर्दशा की चिन्ता न थी। कारण, वह साहित्य का सुधार कर रहा था। आदर्शवाद को साहित्य में दर्शाकर तब वह दम लेता था—उसके लेख और

पुस्तकें प्रमाण हैं। बीसवीं सदी की समस्त विचारधाराएँ उसकी धरा से बह चुकी थीं, पर जो कुछ उसने धारण किया था, वह था मनुष्य-धर्म, जिसे अंग्रेजी में 'Religion of man' नये स्वरपात से, ज़ोर देकर कहते हैं। इसमें भूत, वर्तमान और भविष्य के सब धर्म वह धर देता था।

अस्तु, नरेन्द्र घर से कलकत्ते के लिए रवाना हुआ। रास्ते में कानपुर, लखनऊ, प्रयाग, गया, काशी, पटना होता गया। मित्रों से और प्रकाशकों से मिलकर साहित्य तथा बाज़ार के हाव-भाव समझता रहा। 'आरती' के प्रकाशक ने कहा–"हमारे यहाँ आठ रुपये फार्म से अधिक मौलिक पुस्तक के लिए देने का नियम नहीं, रुपया पुस्तक प्रकाशित होने के तीन महीने बाद से दिया जाना शुरू होता है।" संपादक ने कहा–"हम कोई लेख बिना पुरस्कार का नहीं छापते, अवश्य नये लेखकों को दो रुपये ही प्रति लेख देने का नियम है, पर आपको हम एक रुपया पृष्ठ देंगे।" फिर बड़ी सहृदयता से बोले–"इससे अधिक 'आरती' दे नहीं सकती।" संपादक को लेख देने का वादा कर प्रकाशक से नरेन्द्र ने कहा–"आप लोग पुस्तकें बेचने के विचार से पचास और साठ प्रतिशत कमीशन बेचने वाले को देते हैं–यह आपकी साहित्य-सेवा नहीं, अर्थ-सेवा हुई। यदि लेखकों को अधिक देने लगें, तो किताबें अच्छी-अच्छी लिखी जायें, और साहित्य का उद्धार भी हो।" प्रकाशक ने आँखें मूँदकर कहा–"साहित्य का उद्धार हम आपसे ज़्यादा समझते हैं।" इस प्रकार अटकता-भटकता नरेन्द्र कलकत्ता गया। वहाँ बीसवीं सदी-पुस्तक-एजेंसी में छह फार्म का बंग्ला के रद्दी उपन्यासों के अनुवाद का काम मिला। कुछ करना ही था। काम लेकर, एक रोज़ निश्चिंत होकर जॉन बाज़ार-लाइब्रेरी में बैठा मासिक पत्र-पत्रिकाएँ देख रहा था। अंग्रेजी, बंग्ला, हिन्दी, गुजराती, उर्दू, मराठी सभी भाषाओं में एक विशेष आदर-भाव देखा–सिनेमा स्टारों के सभी स्टोर हो रहे थे। देख-भालकर नरेन्द्र डेरे पर लौटा।

बीसवीं सदी पुस्तक एजेंसी का अनुवाद शुरू तो किया, पर हाथ बन्द हो गया। बार-बार आँखों के सामने सिनेमा के सितारे चमकने लगे। साथ

मन सोचने लगा—'यह अनुवाद का काम भी क्यों? इससे किस आदर्श की पुष्टि होती है? अर्थ मुझे भी तो चाहिए। बड़ा अर्थ अगर लोग नहीं लेते, तो जो लोग लेते हैं, उसे ही बढ़ाओ।' साथ-साथ, जो सफल हुए थे, सामने आने लगे। फिर दीन हिन्दी के लेखकों की सूरत आयी। उसका मित्र स्नेहशरण एक सर्वश्रेष्ठ गद्य लेखक है, पर कदाचित् सबसे बड़ा दरिद्र और उपेक्षित। उसका भाव जो अब तक उसे बड़ा बनाये हुए, दिन-रात उसे छोटा करता जा रहा था, सामने आया। देखकर उसे बड़ी घृणा हुई। कितने प्रकाशक उसका अपमान कर चुके हैं, कोई-कोई ऑफ़िस से भी निकाल चुके हैं, पर बराबर वह अपने नाम को मरता रहा, जो वास्तव में अपमान था। उसे नामी कहकर, कहाकर किसी शाप ने उसे ऊँचे शासन से गिरने का धोखा दिया है। जो नाम स्वरूप श्रेष्ठ वैभव का भोक्ता हो, वह कौड़ी-कौड़ी का मोहताज भी रहे ऐसा हो नहीं सकता; छोटे वैभव उसके पास ज़रूर होंगे, या वह चाहता न होगा। याद आया, छोटे वैभवों की उसने परवाह कब की; इसलिए छोटों ने उसे बराबर धोखा दिया, नीचा दिखाया और अन्त में आज यह प्रमाण भी दे रहे हैं कि वे छोटे उससे कितने बड़े हैं—उनके बिना उसका जीवन कितना अधूरा, कितना छोटा है!

नरेन्द्र ने अनुवाद बन्द कर दिया। सोचने लगा, किस प्रकार छोटा होकर वह बड़ा होगा। उसी क्षण आँखों के सामने यह सोलह साल वाली साक्षात् आभा अपने पूर्ण यौवन में उभरी स्वर्ग की अप्सरा-सी झलमलाने लगी। वह मधुर ध्वनि याद आयी। वह 'अच्छा' प्राणों में घुलकर अमृत बन गया।

तरंग के तृण की तरह अब नरेन्द्र अपने सोचे हुए विचारों में नहीं बह रहा—एक दूसरी विचारधारा उसे बहाये लिये जा रही है। जो सच्चाई आज तक दूसरों को रास्ता बताने में लगी थी, उसने आज अपना रास्ता पहचाना। एकाएक नरेन्द्र जैसे रात के शुभादर्श स्वप्न जगकर दिन के प्रकाश में आया, जहाँ सबकुछ खुला हुआ है।

बक्स खोलकर रुपये गिने—लौटने का ख़र्च था।

गाँव में ख़बर उड़ी—नरेन्द्र बाबू ने आवारगी पर कमर कस ली, बाप-दादे का नाम मिटा दिया। घर-द्वार, जर-ज़मीन, जो कुछ था बेच डाला, पाप कहीं छिपता है? अब वह चेहरा ही नहीं रहा। आभा ने भी सुना। आँखों में गुनकर चुप हो गयी।

शाम के समय पर, नरेन्द्र मन्दिर में गया। जैसे ही दीपक जला, वैसे ही मुख प्रकाश में ज्योतित हुआ। उतरने के वक़्त उसी तरह चढ़ता हुआ मिला, आभा उसी तरह खड़ी हो गयी।

"आभा, मैंने रास्ता ठीक कर लिया है।" यह आचार्य का कण्ठ न था, एक घनिष्ठ मित्र का था, जिसकी ध्वनि प्राणों में बहुत निकट पहुँचती है।

आभा ने सुना, और तोलकर देखा, यह स्वर वहीं पहुँचा है, जहाँ कभी आँखों की सहानुभूति से स्नेह पहुँचा था। इसमें उपदेश की गुरुता नहीं, मनुष्य के प्रति मनुष्य का समभाव है। वीणा स्वर से झंकृत हुआ—"क्या है वह रास्ता?"

"तुम्हारे और मेरे जीवन से बँधकर बिलकुल एक नया, जिससे आगे और लोग आयेंगे, मनुष्य के लिए मनुष्य होने को।"

आभा ने नरेन्द्र को देखा, फिर निगाह फेरकर दीपक-प्रकाश में श्वेत शिव को देखने लगी। प्राणों में कैसी गुदगुदी हुई। बोली—"आप मुझे भगाना चाहते हैं?"

"नहीं।" नरेन्द्र का कण्ठ बिलकुल स्थिर था।

आभा ने फिर नरेन्द्र को देखा—"गाँव वाले आपको आवारा कहते हैं।" कण्ठ में सहानुभूति बज उठी।

"यह भ्रम गाँव वालों को बराबर रहेगा।" नरेन्द्र की आँखों से बिजली निकल रही थी।

"मेरे लिए आपकी जैसी आज्ञा हो।"

"हाँ, मैं तुम्हें यही अधिकार लेने के लिए कहता हूँ, जो तुमसे छिन चुका है।"

अज्ञात आँखों से आभा ने देखा।

"जिस दुनिया ने तुम्हें छोटी, अधम, भाग्य से रहित कहा, क्या उसे तुम नहीं समझाना चाहती कि तुम बहुत बड़ी–बहुत बड़ी, भाग्य से भरी हुई हो।"

"ऐसा तो अब क्या होगा?"

"होगा आभा। वही रास्ता देखकर मैं आ रहा हूँ। विश्वास करो, और आज से दुनिया को ठोकर मार दो–इसे जो जितनी ठोकरें लगा सका, इसकी आँखों में वह उतना ही बड़ा हुआ, उतना ही इसने उसके पैर पकड़े।"

ध्वनि जैसी होती है, प्रतिध्वनि भी वैसी ही होती है। आभा इस सम्पूर्ण शक्ति को भरकर एक–दूसरे रूप में बदल गयी। तन्मय खड़ी सुनती रही–

"वह संसार तुम्हारे लिए जैसा था, मेरे लिए भी वैसा ही था। तुम दुःख को समझती थीं, मैं न समझ पाता था या समझकर भी न समझता था। अब हमें इस संसार को वैसे ही दुःख के भीतर से उचित शिक्षा देनी है।"

आभा की आँखें, हृदय, वह सम्पूर्ण निश्चलता कह रही थीं–'यह ठीक कह रहे हैं।'

नरेन्द्र ने आभा को देखा, फिर देखा–यह निगाह बदल चुकी थी, जो झुकती है। यह वह निगाह है, जो धूप की तरह लोगों को उठाती हुई उठ जाती है–फिर पृथ्वी पर नहीं झुकती। आभा हृदय से इतना कभी नहीं उठी।

'यह' नरेन्द्र ने मन में कहा—'यह आभा है।' खुलकर बोला—"आभा, चलो? मेरे घर में बहुत दिनों से अँधेरा है; उसमें प्रकाश भर दो। मैंने तुम्हारी शिक्षा के लिए जायदाद बेची है।"

होश में आते ही हृदय हिल उठा। आँखों में शंका आयी—"आपको लोग क्या कहेंगे?"

"मुझे कुछ नहीं कह सकते; अब अपनी-अपनी क़िस्मत को रोयेंगे, जिसे किसी तरह वे फूटा नहीं समझ पाये—थाने जायेंगे, दारोगा के आगे-पीछे दुम हिलायेंगे, कुत्तों की तरह भौकेंगे, पर कुछ कर नहीं सकते। सामने आकर काटना देशी कुत्ते जानते नहीं। मैं मुँह पर विलायती ठोकरें लगाना सीख चुका हूँ, तुम्हें भी सिखाना चाहता हूँ। आओ..."

नरेन्द्र आगे-आगे था; इस दृढ़ता को सर्वस्व सौंपकर आभा पीछे-पीछे चली। बारहदरी की बग़ल में तीन आदमी खड़े थे, इनके आने से ये पहले ही चल दिये। नरेन्द्र ने देखा पर उपेक्षा में भरकर रह गया। आभा ने देखा, मन में कहा—'ये वे ही हैं, जिन्हें रोज़ देखती और रोज़ समझती थी।'

द्वार खोलकर, दीप जलाकर नरेन्द्र ने कहा—"आभा, अभी हमें कुछ रोज़ यहाँ रहना होगा। गाँव वालों को बता जाना है कि हम भागने वाले नहीं थे—तुम्हें, भगाने वाला रास्ता बतलाने वाले थे।"

आभा प्रकाश में मुस्करा दी।

दूसरे दिन से कई दिनों तक लगातार नरेन्द्र को देख-देखकर गाँव वालों ने घृणा से अपना ही सिर झुका लिया, और घर-घर राय कायम हो गयी कि आभा के बाप की नाक कट गयी। कीच पर ढेले चलाने से छींटे अपने ऊपर आयेंगे, यह समझाकर वयोवृद्धों ने आभा के घरवालों को थाने जाने से रोका।

इस तरह की अनेक अड़चनों को आसानी से पार कर नरेन्द्र आभा को लेकर साल-भर से दिल्ली में है। आने के साथ ही, अपनी और आभा की एक साथ उतरवायी तस्वीर, ब्याह के सूक्ष्म स्वतन्त्र ब्यौरे से मासिक तथा साप्ताहिकों के संपादकों के पास भेज दी। 'भारत' तथा स्त्री-जाति के उद्धार कल्प से संपादकों की लिखी ओजस्विनी टिप्पणियों के साथ दोनों का सुन्दर चित्र प्रकाशित हुआ। छोटे-छोटे पत्र वालों ने ब्लाग मँगा-मँगाकर और ऊँची आवाज़ लगायी। आभा तस्वीरें देख-देख, तारीफ़ पढ़-पढ़कर मुस्कराती रही।

घर पर उस्तादों को बुलाकर नरेन्द्र आभा को नृत्य-गीत की शिक्षा दिलवाने लगा–इसको भी एक साल हो चुका। अक्षर-विज्ञान का ख़ुद शिक्षक बना। साल-भर में आभा अच्छी तरह हिन्दी और उर्दू समझ लेने लगी है। बुद्धि में इतनी बढ़ गयी है, जैसे कई साल से तालीम पा रही हो। जैसा सुरीला, कोमल गला उसका था, स्टेज पर उतारने पर दर्शक, ताँगे वालों और प्रशंसक, पत्रवालों में उसके उतर जाने की नरेन्द्र को शंका न हुई।

आभा का बड़े-बड़े चित्रों, पोस्टरों, दैनिक, साप्ताहिक, मासिक पत्रों में बड़ा विज्ञापन हुआ। 'लीडर' में विज्ञापन के दाम अग्रिम भेजकर नरेन्द्र ने संपादकीय कॉलम में तारीफ़ छापने का अनुरोध किया। लोगों की तो आज भी बँधी धारणा है कि आँखें मूँदने पर ज़्यादा दिखायी पड़ता है। फलतः संपादक के कलम ने कॉलम-के-कॉलम रंग डाले। आभा उतरी भी। और दर्शकों का क्या कहना, सहृदय तारीफ़ के बोझ से औंधे हो गये। स्त्रियों की पत्रिका 'पतिव्रता' ने लिखा, 'हमारी देवियों को इससे बढ़कर दूसरा आदर्श नहीं मिल सकता कि पति और पत्नी सम्मिलित रूप से कला की सेवा में लगें।' साहित्यिक पत्रों ने लिखा, नरेन्द्र जी प्रतिभाशाली तो पहले से थे, परन्तु अब वह विशेष रूप से राष्ट्र-भाषा को समुन्नत कर रहे हैं।

दिल्ली में उनका अर्धनारीश्वर नाटक बड़ी सफलता से खेला गया, जिसमें पति-पत्नी दोनों उतरे।' यह पिछड़े हुए हिन्दी वालों को पढ़ने की उचित शिक्षा इस धन्यवादार्ह दंपति ने दी। तीन साल में आभा और नरेन्द्र का भारत के कोने-कोने में नाम और बड्क-बड्क में रुपया हो गया। नरेन्द्र ने एक आश्वासन की साँस ली।

अपना 'सुभद्रार्जुन' नया नाटक शहर-शहर चलकर दिखाने के अभिप्राय से नरेन्द्र ने प्रोग्राम बनाना और विज्ञापन करना शुरू किया। कानपुर, लखनऊ, प्रयाग, काशी आदि शहरों से क्रमशः कलकत्ते तक का निश्चय हुआ। केवल काशी के लिए ज़रा सन्देह रहा। स्टेज के मालिक ने किराये पर स्टेज न देकर कमीशन पर देने की बात लिखी।

कम्पनी चली, साथ-साथ पत्रों में सुभद्रा की भूमिका में आभादेवी की आभा-सी तारीफ़! प्रोग्राम बदल देना पड़ा। निश्चित दिनों से अधिक दिन लोगों को तृप्त करने में लगते रहे। सरकारी अफ़सर चलने में सबसे पहले बाधक होते थे। पत्रों की विपुल प्रशंसा और नागरिकों की ऊर्ध्व-कण्ठ प्रतीक्षा को लिये कम्पनी काशी आयी।

'आरती' के प्रकाशक ने पुस्तकों की बदौलत आज के सिनेमा-साहित्य के उद्धार के विचार से अपनी एक रंगशाला बनवायी है, जिसका नाम भारतीय भावों से, काशी के एक कलाकार से सलाह लेकर 'पवित्रा' रखा है। इस स्टेज में नाटक भी खेला जाता है। इन्हीं से नरेन्द्र की शर्तें तय न हुई थीं।

कम्पनी के काशी पहुँचने पर 'पवित्रा' के मालिक स्वयं नरेन्द्र से मिले। पुरानी पहचान थी ही। बड़ा सम्मान-प्रदर्शन किया। नरेन्द्र ने कहा—"आपसे भाड़े का स्टेज नहीं मिला, अतः लाचार होकर मुझे दूसरा प्रबन्ध करना पड़ेगा।" नम्र भाव से मुस्कराते हुए 'पवित्रा' के मालिक ने कहा—"पवित्रा आप ही की है। आप कुछ भी न दें।"

नरेन्द्र ने कहा–"नहीं, ऐसी तो कोई बात है नहीं, आप अगर लेना चाहें।"

वैसा ही नम्र उत्तर आया–"पचास नहीं, तो चालीस सैकड़ा तो दीजिए।"

नरेन्द्र ने भौंहें सिकोड़ लीं। कहा–"हमारे चालीस सैकड़े के मानी हैं, भाड़े के अलावा आपको सात-आठ सौ रुपये रोज़ मिलेंगे। अगर यही है, तो पन्द्रह सैकड़ा ले लीजिए।"

"पन्द्रह सैकड़ा।"

नरेन्द्र अट्टहास हँसा। संयत होकर कहा–"बाबू धनीराम जी, मैं छह महीने में एक किताब लिखता था, पर उसके लिए आपने मुझे पन्द्रह सैकड़ा भी नहीं दिया!"

एक दिन बाहर की पृथ्वी में प्रकाश की तरह प्रसिद्ध हो चुकने पर, आभा ने नरेन्द्र के पास एकान्त में बैठकर हाथ में हाथ लेते हुए कहा–"नरेन्द्र, तुम बुरा तो न मानोगे, मैं देखती हूँ, दुःख बहुत थे ज़रूर; पर मन्दिर का वह दीप जलाने वाला जीवन मुझे बड़ा सुखमय लग रहा है।"

भक्त और भगवान

भक्त साधारण पिता का पुत्र था। सारा सांसारिक ताप पिता के पेड़ पर था, उस पर छाँह। इसी तरह दिन पार हो रहे थे। उसी छाँह के छिद्रों से रश्मियों के रंग, हवा से फूलों की रेणु-मिश्रित गन्ध, जगह-जगह ज्योतिर्मय जल में नहायी भिन्न-भिन्न रूपों की प्रकृति को देखता रहता था। स्वभावतः जगत् के करण-कारण भगवान पर उसकी भावना बँध गयी।

पिता राजा के यहाँ साधारण नौकर थे। उसे इसका ज्ञान रहने पर भी न था। लिखने के अनुसार उसकी उम्र का उल्लेख हो जाता है। इस समय एक घटना हुई। गाँव के किनारे, कुएँ पर एक युवती पानी भर रही थी। पकरिए के पेड़ के नीचे एक बाबा तन्मय गा रहे थे-'कौन पुरुष की नार झमाझम पानी भरे?' युवती घड़ा खींचती दाहिनी ओर के दाँतों से घूँघट का छोर पकड़े, बायें झुकी आँखों में मुस्करा रही थी। तरुण भक्त की ओर मुँह था। बाबा जी की ओर दाहिने अंगों से पर्दा।

भक्त का विद्यार्थी-जीवन था। उसने पढ़ा। विस्मित हो गया। देवी को मन में प्रणाम कर आगे बढ़ा। गाँव की गली में साधारण किसानों की भजन-मण्डली जमी थी। खँझड़ी पर लोग समस्वर से गा रहे थे-

‘कहत कोउ परदेशी की बात-

कहत कोउ परदेशी की बात!

वह तरु-लता, वइ द्रुम-खंजन,

वइ करील, वइ पात!

जब ते बिछुरे स्याम साँवरे,

ना कोउ आवत जात।’

तरुण युवक खड़ा हो गया। अच्छा लगा। एक पेड़ की जड़ पर बैठकर एकचित्त सुनता रहा। कितने भाव प्राणों में जगकर उथल-पुथल मचाने लगे–‘यह परदेशी की बात कौन कहता है? क्या कहता है? तरु-लता-द्रुम-खंजन आदि वही सब अब भी हैं, पर श्याम बिछुड़ गये हैं, इसलिए तो वह सब सूना हो रहा है? वहाँ कोई नहीं आता-जाता–यह परदेशी की कैसी बात है?’ कितने विचार बह गये। वह सुनता रहा–अज्ञात भी कितना कह गये। फिर सब भूल गया। एक होश रहा, यह परदेशी कौन है? क्या कहा, यह साँवरे श्याम कैसे बिछुड़े?–फिर भी परदेशी की बात कहने में इनका अस्तित्व है।

चुपचाप उठकर वह चला गया। गाँव से बाहर एकान्त में, एक रास्ते के किनारे, चढ़ी मालती के बड़े पीपल के नीचे बँधे पक्के चबूतरे पर महावीर जी की सुन्दर मूर्ति स्थापित थी, वहीं जाकर बैठ गया। विशद विचार का नशा था ही। लड़ी आप फैल चली। तुलसीदास की याद आयी। महावीर जी तुलसीदास जी और श्रीरामायण से हिन्दी-भाषी पठित हिन्दू-मात्र का जीवन-संबंध है। मन सोचने लगा। तुलसीदास की सिद्धि के कारण महावीर जी हैं। सामने सिन्दूर की सजी सुन्दर मूर्ति पर सूर्य की किरणें पड़ रही थीं। देखकर भक्ति-भाव से प्रणाम किया। अर्थ कुछ नहीं समझा। पर उस पत्थर की मूर्ति पर प्राण मुग्ध हो गये। यह एक संस्कार था–एक मूर्ख संस्कार,

जिसे ब्रह्मभाव के लोग आज कुसंस्कार कहते हैं, वृहत्तर के निर्माण के लिए प्रयत्न पर हैं।

'खसी माल मूरति मुसकानी' वह नहीं समझा; पर खसी माल वाली–बिना माला की मूर्ति मुस्करायी। उसने केवल देखा, सामने एक पुराने कलमी आम के पेड़ पर नयी जंगली बेले की लता पूरी फूली हवा में हिल रही है। तरुण भक्त की इच्छा हुई, माला गूँथकर महावीर जी को पहनायें। सामने केले लगे थे। एक पत्ता बीच से तोड़कर पैनी लकड़ी से काट लिया और पेड़ पर चढ़कर, उसी के बनाये दोनों में फूल तोड़-तोड़कर रखने लगा। फिर गुर्च-जैसी एक लता की पतली लड़ी तोड़कर, उसी चबूतरे पर बैठकर माला गूँथने लगा। पूरी होने पर महावीर को पहनाकर देखा। कोई हँस दिया–वह नहीं समझा। प्रणाम कर चला गया।

वह विवाहित था। घर आया, सिन्दूर का सुहाग धारण किये नवीन पत्नी खड़ी थी, आँखों में राज्य-श्री उतरकर अभिनन्दन कर रही थी–वह मुस्करायी; पर वह फिर भी नहीं समझा।

भक्त की ऋतुएँ बहुत धीरे-धीरे वेश बदलती हुई चलती हैं। पर इतनी सुन्दर हैं, इतनी कोमल और इतनी मनोरम कि वहाँ प्रखरता का कोई भी निर्झर-स्वर नहीं, जो शैलोच्च प्रकृति से उतरता हुआ हरहराता हो, वहाँ केवल मर्मरोज्ज्वल तरंग भंग है।

भक्त का नाम निरंजन था। सम्पत्ति के संबंध में भी वह निरंजना था। केवल भक्ति थी। भक्ति बुद्धि नहीं, पर पूजा चाहती है। पूजा के लिए सामग्री एकत्र करने की विधि वह नहीं बताती, विधि आप विधान देते हैं।

भक्त ने देखा, राजा का सरोवर सरोरुहों से पूर्ण है। नील जलराशि पर हरे पत्र, उनके बीच वृन्त उठे, उन पर डोलते हुए कमल, उन पर काँपती हुई किरणें। भक्त ने देखा, ये श्वेत-कमल श्वेत होकर भी कैसी अंजलि

बाँधे हुए हैं; इच्छा हुई, इन्हें महावीर पर चढ़ावें। छलाँग मारकर पानी में कूद पड़ा। जल 'छल छल' करता छलकता हुआ, तरंगों से वर्तित हो चला। वह तैरने लगा। नाल और नालों के काँटे रोकने लगे–लिपटकर, छिदकर, खरोंचते रहे; पर उसे केवल महावीर जी, पूजा और कमलों का ध्यान था–तैरता-तोड़ता, तट-जल पर फेंकता रहा। फिर निकलकर उठा लिये। चबूतरे पर जाकर भक्ति-भाव से सजाने लगा। मूर्ति वीर-मूर्ति न थी। हाथ जोड़े हुए थी। दोनों बग़लों में, कन्धे के बीच कानों के नीचे, पैरों के नीचे, पैरों से लेकर ऊपर तक मूर्ति को श्वेत-कमलों से सुवासित कर दिया। सिर के लिए एक सनाल कमल की गुड़री बनायी। पहनाने लगा, आगे भार अधिक होने के कारण अर्द्धविकच कमल गिरने लगा–सँभालकर, दबाकर पहना दिया। देर तक तृप्ति की दृष्टि से देखता रहा, जैसे कमल उसी के हों, इस सारी शोभा पर उसी की दृष्टि का पूरा अधिकार हो।

घर आकर बड़ी प्रसन्नता से रात के भोजन के बाद सोया। मस्तिष्क स्निग्ध था। बात-ही-बात में नींद आ गयी। रात पिछले पहर की थी। स्वप्न देखने लगा। इसे आजकल के लोग संस्कार कहेंगे, पर इसकी पूरी व्याख्या करते नहीं पढ़ा गया। देखा, महावीर जी की वही भक्तिमूर्ति सामने मुस्कराती हुई खड़ी है। कह रही है–'बन्धु, तुमने अपनी पूजा का स्वार्थ देखा, पर मेरे लिए कुछ भी विचार नहीं किया। कमल-नाल की गुड़री इतनी ज़ोर से तुमने गड़ायी कि उसके काँटे मेरे रस में छिद गये हैं, दर्द हो रहा है।' भक्त वज्रांग की वाणी सुनकर चकित था, साथ आनन्द में मत्त कि वज्रांग इतने कोमल हैं।

वह मूर्ति धीरे-धीरे अदृश्य हो चली। साथ भक्त की पत्नी अँधेरे के प्रकाश में उठती हुई सामने आयी। सिर पर सिन्दूर चमक रहा था। महावीर जी अदृश्य होते हुए बदल गये–'इनके मस्तक पर क्या है?' भक्त को ताज्जुब में देखकर पत्नी बोली–"प्रिय, महावीर को मैं मस्तक पर धारण

करती हूँ।" स्वप्न में भक्त ने पूछा–"मैं नहीं समझा–अर्थ क्या है?" बड़ी रहस्यमयी मुस्कान आँखों में दिखायी दी। "उठो" पत्नी ने कहा–"अर्थ सब मैं हूँ–मुझे समझो।" भक्त की आँखें खुल गयीं। जगकर देखा, पत्नी घोर निद्रा में सो रही है। उसका दाहिना हाथ उसके हृदय पर रखा है, जैसे उसके हृदय के यन्त्र को स्वप्न के स्वरों में उसी ने बजाया हो। खिड़की से उषा की अंधकार पार करने वाली तैरती छवि, दूर जगत् की मधुर ध्वनि की तरह, अस्पष्ट भी स्पष्ट प्रतीत हो रही थी। भक्त ने उठकर बाहर जाना चाहा। धीरे-से, हृदय से प्रिया का हाथ उठाकर चूमा, फिर सघन जाँघ पर सहारे से प्रलम्ब कर एक बार मुँह देखा–खुले, प्रसन्न, दिव्य, भाल पर अंधकार बालों को चीरने वाली माँग में वैसा ही शोभन सिन्दूर दीपक-प्रकाश में जाग्रत था। कमल आँखें मुँदी हुईं। कपाल, भौंह, गाल, नाक, चिबुक आदि के कितने सुन्दर कमल सुहाग सिन्दूर पर चढ़े हुए हैं। देखकर चुपचाप उठकर बाहर चला गया।

भक्त की भावना बढ़ चली। प्राणों में प्रेम पैदा हो गया। यह बहुत दूर का आया प्रेम है; यह वह न जानता था। क्योंकि वह जाग्रत लोक में ज़्यादा बँधा था। उसकी मुक्ति जाग्रत की मुक्ति थी। खाने-पीने रहने-सहने की मामूली बातों से निवृत्त हो, इतना ही समझता था। स्वप्न के बाद तमाम दिन एक प्रसन्नता का प्रवाह बहा– पहले-पहल जवानी में ब्याह होने पर जैसा होता है।

आज फिर अच्छी पूजा की इच्छा हुई। सरोवर के किनारे से दूसरों की आँख बचाकर ऊँची चारदीवार की बग़ल-बग़ल जाने लगा। बारहदरी के पिछवाड़े, एक दूसरे सरोवर के किनारे, गुलाब बाग़ था। दाहिने आमों की श्रेणी। बीच में बड़ा रास्ता। राहियों की नज़र से ओझल पड़ता था। चुपचाप, केले का एक वैसा ही आधार लिये बाग़ में पैठा। बसरा, विलायत, फ्रांस आदि देशों के तरह-तरह के बने और हल्के लाल, गुलाबी, पीले गुलाब

हिल रहे थे, जैसे हाथ जोड़े आकाश की स्तुति कर रहे हों–'खेसंभवं शंकरम्-खेसंभवं शंकरम्' मौन वीणा बजा रही हो सुगंध की झंकारें दिशाओं को आमोद-मुग्ध करती हुईं।

क्षण-भर शोभा देखकर गुलाब तोड़ने लगा। ध्यान महावीर जी की ओर बह रहा था। साक्षात् भक्ति जैसे वीर की सेवा में रत हो।

लौटकर आज लाल को लाल करने चला। सिन्दूर पर गुलाब की शोभा चढ़ी। सुन्दर सब समय सुन्दर है। सजाकर देर तक देखता रहा, यही पूजा थी।

घर आया। पत्नी ने नयी साड़ी पहनी थी, गुलाबी। देखकर भक्त हँसा। रात का स्वप्न मस्तिष्क में चक्कर काटने लगा। कहा–"तुम मन की बात समझती हो।"

सहज सरलता से पत्नी ने कहा–"तुम जैसा पसन्द करते हो, मैं वैसा करती हूँ।"

भक्त की इच्छा हुई रात की बात कहे; पर किसी ने रोक दिया। सिर झुकने लगा–न झुकाया। पत्नी सिर झुकाये मुस्करा रही थी। मस्तक का सिन्दूर चमक रहा था। देखकर भक्त चुप हो गया।

उसकी पत्नी का नाम सरस्वती था। पति को चुप देखकर बोली–"मेरा नाम सरस्वती है, पर मैं सजकर जैसे लक्ष्मी बन गयी हूँ।" यह छल भक्त को हँसाने के लिए था, पर भक्त ने सोचा, यह मुझे समझना है कि तुम विष्णु हो। वह और गम्भीर हो गया। मन में सोचा, यह सब समझती है।

कुछ दिनों बाद एक आवर्त आया। भक्त के घर वाले ईश्वर के घर चले गये। धैर्य से उसने यह प्रहार सहा। पहले उसकी पत्नी मरी थी। घर बिलकुल सूना हो गया।

एक दिन पड़ोस की एक भाभी मिलीं। कहने लगीं–"भैया, ऐसी देवी तुम्हें दूसरी नहीं मिल सकती, चाहे तुम दुनिया देख डालो। उसने दो साल पहले मुझसे कहा था, 'दीदी, मैं दो साल और हूँ'।" भक्त दंग हो गया। पहले के उसके भी संस्कार उग-उगकर पल्लवित हो चले। वह नहीं समझा कि एक अपनी जन्मपत्रिका पढ़ते हुए पत्नी से उसने कहा था कि दो साल बाद दारा और बन्धुओं से वियोग होगा, लिखा है; इसे उसकी पत्नी प्रमाण की तरह ग्रहण किये हुए थी, और इसी के आधार पर दीदी से भविष्यवाणी की थी।

पत्नी की समझ को उसी से सिन्दूर की तरह सिर पर धारण कर वह महावीर जी की सेवा में लीन हुआ। अब रामायण भी उन्हें पढ़कर सुनाया करता था।

रामायण के ऊँचे गूढ़ अर्थ अभी मस्तिष्क में विकास प्राप्त नहीं कर सके। पत्नी के बाद पिता तथा अन्य बन्धुओं का भी वियोग हुआ था। राजा ने दया करके एक साधारण नौकरी उसे दी।

उन्हीं दिनों श्रीपरमहंस देव के शिष्य स्वामी प्रेमानन्द जी को राजा के दीवान अपने यहाँ ले गये। राजा की परमहंसदेव के शिष्यों पर विशेष श्रद्धा न थी। वह समझते थे, साधु महात्मा वह है ही नहीं, जिसके तीन हाथ की जटा, चिमटा न हो, चिलम भी होनी चाहिए और धूनी भी, तभी राजा भक्तिपूर्वक गाँजा पिलाने को राजी होते। परन्तु राजा के पढ़े-लिखे नौकर पुराने महात्माओं को जैसा घोंघा समझते थे, राजा को उससे बढ़कर खाजा।

स्वामी प्रेमानन्द जी का बड़े समारोह से स्वागत हुआ। भक्त भी था। दीवान था। दीवान साहब भक्त की दीनता से बड़े प्रसन्न थे। भक्त ने स्वामी जी की माला तथा परमहंसदेव की पूजा के लिए ख़ूब फूल चुने। स्वामी जी मालाओं में भर गये। हँसकर बोले–'तोरा आमा के काला करे दिली।' (तुम लोगों ने मुझे काली बना दिया।)

भक्त नहीं समझा कि उस दिन उसके सभी धर्मों का वहाँ समाहार हो गया—ब्रह्मचारी महावीर, उनके राम, देवी और समस्त देव-दर्शन उन जीवित संन्यासी में समाकृत हो गये।

बड़ी भक्ति से परमहंसदेव का पूजन हुआ; दीवान साहब कबीर साहब का बंग्ला-अनुवाद स्वामी जी को सुना रहे थे, राज्य के अच्छे-अच्छे कई अफ़सर एकत्र थे, भक्त तुलसीकृत रामायण सुनाने को ले गया और स्वामी जी की आज्ञा पा पढ़ने लगा। स्थल वह था, जहाँ सुतीक्ष्ण राम जी से मिले हैं, फिर अपने गुरु के पास उन्हें ले गये हैं। स्वामी जी ध्यानमग्न बैठे सुनते रहे। "श्यामतामरस-दाम शरीरम्; जटा-मुकुट-परिधन-मुनि-चीरम्।" आदि साहित्य-महारथ महाकवि गोस्वामी तुलसीदास की शब्द-स्वर-गंगा बह रही थी, लोग तन्मय मज्जित थे। स्वामी जी के भाव का पता न था। भक्त कुछ थक गया था। पूर्ण विराम वाला दोहा आया, स्वामी जी ने बन्द कर देने के लिए कहा।

फिर तरह-तरह के धार्मिक उपदेश होने लगे। स्वामी जी ने दीवान साहब से हर एकादशी महावीर-पूजन और रामनाम-संकीर्तन करने के लिए कहा।

भक्त को नौकरी नहीं अच्छी लगती थी। मन पूजा के सौन्दर्य-निरीक्षण की ओर रहता था। तहसील-वसूल, जमा-ख़र्च, खत-किताब, अदालत-मुकदमा आदि राज्य के कार्य प्रतिक्षण सर्प-दंशवत् तीक्ष्ण ज्वालामय हो रहे थे, हर चोट महावीर जी की याद दिलाने लगी। मन में घृणा भी हो गयी, राजा कितना निर्दय कितना कठोर होता है। प्रजा का रक्त-शोषण ही उसका धर्म है।

उसने नौकरी छोड़ने का निश्चय कर लिया। उस रोज़ शाम को महावीर जी को प्रणाम करके चिन्तायुक्त घर लौटा। घर में दूसरा कोई न था, भोजन स्वयं पकाता था। खा-पीकर सोचता हुआ सो रहा।

समय समझकर महावीर जी फिर आये। उसने आज महावीर जी की वीरमूर्ति देखी। मन इतने दूर आकाश पर था कि नीचे समस्त भारत देखा; पर यह भारत न था—साक्षात् महावीर थे, पंजाब की ओर मुँह, दाहिने हाथ में गदा-मौन शब्द-शास्त्र, बंगाल के ऊपर दायें-बायें पर हिमालय-पर्वत की श्रेणी, बग़ल के नीचे बंगोपसागर, एक घुटना वीर-वेश-सूचक, टूटकर गुजरात की ओर बढ़ा हुआ, एक पैर प्रलम्ब—अँगूठा कुमारी-अन्तरीप, नीचे राक्षस-रूप लंका-कमल—समुद्र पर लिखा हुआ।

ध्वनि हुई—"वत्स, यह वीर-रूप समझो।" इसके बाद स्वामी प्रेमानन्द जी की प्रशान्त मूर्ति उषा के अरुण प्रकाश की तरह भक्त के सुन्दर मन के आकाश से भी ऊँचे उगी। ध्वनि हुई—"वत्स, यह सूक्ष्म भारत है, इससे नीचे नहीं उतर सकते; इनका प्रसार समझ के पार है।" एक बार सूर्य दिखायी दिया, फिर अगणित तारे, प्रकाश मन्दतर होता हुआ विलीन हो गया।

फिर उसके पूजित महावीर जी की वही भक्त-मूर्त्ति आयी, हाथ जोड़े हुए। उसी मुख से निर्गत हुआ—"मैं इसी तत्त्व को हाथ जोड़े हुए हूँ—यही मेरे राम हैं, तुम इसी तरह रहो। किसी कार्य को छोटा न समझो, न किसी की निन्दा करो।"

अंधकार जल पर एक कमल निकला, हाथ जोड़े हुए बोला—"मैं तो राजा का था, तुमने मुझे क्यों तोड़ा?" फिर गुलाब हिल-हिलकर कहने लगे—"मुझे छूने का तुम्हें क्या अधिकार था?" हाथ जोड़े हुए महावीर जी बोले—"वत्स, यहाँ कौन-सी चीज़ राजा की नहीं है—यह मूर्ति किसकी खरीदी है? कौन पुजवाता है?"

स्वप्न में आतुर होकर भक्त ने कहा—"ये ग़रीब मरे जा रहे हैं—इनके लिए क्या होगा।"

"ये मर नहीं सकते। इनके लिए वही है, जो वहाँ के राजा के लिए, इन्हें वही उभाड़ेगा, जो वहाँ के राजा को उभाड़ता है, तुम अपने में रहो। दूर मत आओ।"

मन धीरे-धीरे उतरने लगा। देखा, आकाश की नीली लता में सूर्य, चन्द्र और ताराओं के फूल हाथ जोड़े खिले हुए एक अज्ञात शक्ति की समीर से हिल रहे हैं, पृथ्वी की लता पर पर्वतों के फूल हाथ जोड़े आकाश को नमस्कार कर रहे हैं। आशीर्वाद की शुभ्र हिम-धारा उन पर प्रवाहित है; समुद्रों की फैली लता में आवर्तों के फूल खुले हुए अज्ञात किसी पर चढ़ रहे हैं; डाल-डाल की बाहें अज्ञात की ओर पुष्प बढ़ाये हुए हैं। तृण-तृण पूजा के रूप और रूपक हैं। इसके बाद उन्हीं पुष्पों के पूजा-भावों में छन्द और ताल प्रतीयमान होने लगे—सब जैसे आरती करते हिलते, मौन भाषा में भावना स्पष्ट करते हों, सबसे गन्ध निर्गत हो रही है, सत्य की समीर वहन कर रही है, पुष्प-पुष्प पर कहीं से अज्ञात आशीर्वाद की किरणें पड़ रही हैं, इसके बाद उसकी स्वर्गीया प्रिया वैसी ही सुहाग का सिन्दूर लगाये हुए सामने आयी।

"वत्स, यह मेरी माता देवी अंजना है। इनके मस्तक पर देखो।" उसी भक्तमूर्ति की ध्वनि आयी।

मस्तक पर वीर-पूजा का वही सिन्दूर शोभित था। मुस्कराकर देवी सरस्वती ने कहा—"अच्छे हो?"

आँख खुल गयी, कहीं कुछ न था।

प्रभाकर प्रकाशन द्वारा प्रकाशित पुस्तकें